知識の構造化

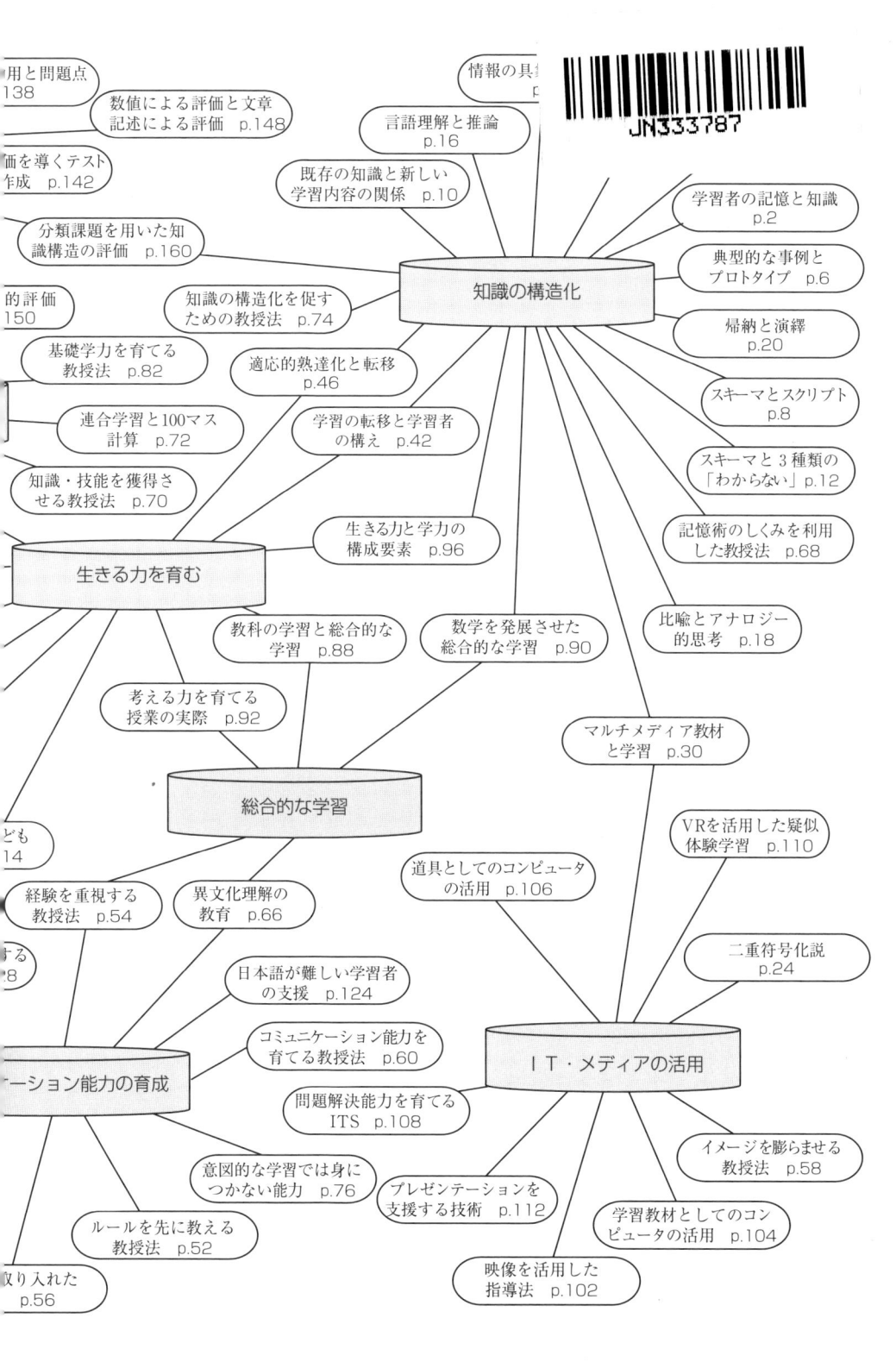

- 学習者の記憶と知識 p.2
- 典型的な事例とプロトタイプ p.6
- 帰納と演繹 p.20
- スキーマとスクリプト p.8
- スキーマと3種類の「わからない」 p.12
- 記憶術のしくみを利用した教授法 p.68
- 比喩とアナロジー的思考 p.18
- 言語理解と推論 p.16
- 既存の知識と新しい学習内容の関係 p.10
- 情報の具
- 知識の構造化を促すための教授法 p.74
- 適応的熟達化と転移 p.46
- 学習の転移と学習者の構え p.42
- 分類課題を用いた知識構造の評価 p.160
- 数値による評価と文章記述による評価 p.148
- 用と問題点 138
- 価を導くテスト 作成 p.142
- 的評価 150

生きる力を育む

- 基礎学力を育てる教授法 p.82
- 連合学習と100マス計算 p.72
- 知識・技能を獲得させる教授法 p.70
- 生きる力と学力の構成要素 p.96
- 教科の学習と総合的な学習 p.88
- 考える力を育てる授業の実際 p.92

総合的な学習

- 数学を発展させた総合的な学習 p.90
- 経験を重視する教授法 p.54
- 異文化理解の教育 p.66

IT・メディアの活用

- マルチメディア教材と学習 p.30
- VRを活用した疑似体験学習 p.110
- 二重符号化説 p.24
- 道具としてのコンピュータの活用 p.106
- 問題解決能力を育てるITS p.108
- プレゼンテーションを支援する技術 p.112
- 学習教材としてのコンピュータの活用 p.104
- 映像を活用した指導法 p.102
- イメージを膨らませる教授法 p.58

コミュニケーション能力の育成

- 日本語が難しい学習者の支援 p.124
- コミュニケーション能力を育てる教授法 p.60
- 意図的な学習では身につかない能力 p.76
- ルールを先に教える教授法 p.52
- 取り入れた p.56
- ども 14
- する 8

教育の方法

心理学をいかした指導のポイント

井上 智義
岡本 真彦
北神 慎司

樹村房
JUSONBO

はじめに

　学校教育には大きな期待が寄せられているにもかかわらず，残念ながら現在の学校は，その期待の多くに応えるのがむずかしい状況にあります。なかでも，子どもの学習を支援するという学校本来の目的からすると，子どもをいきいきとさせる教育方法の追究は，真剣に取り組まないといけない問題だと考えます。

　学習者一人ひとりの個性や能力を無視した画一的な教育，受験を目標にすえた知識注入型の教育，子どもの主体性のみを重視して何も教えようとしない教育，そのような教育に問題があることは多くの人たちが指摘するところです。しかし，どうすればよいかという解決策は具体的には提示されているとはいえません。今こそ「何を教えないといけないか？」という問題とともに，「どう教えないといけないか？」という問題こそ，感情論に陥ることなく，科学的客観的に議論されないといけません。

　本書は，子どもの視点，学習者の視点に立ち，より好ましい効果的な教育方法を，具体的にわかりやすく提示しようと企画しました。執筆者の3名は，いずれも認知心理学と教育心理学を専門にしています。もう少し具体的に述べると，人間の記憶や知識構造，学習時の情報処理のメカニズム，学習の動機づけや認知の発達，教育効果を高める教育評価などについて，心理学的に研究しています。

　さて，すでにお気づきかもしれませんが，本書は形式的には，各項目2ページ見開き完結型で構成されています。左側ページの説明文はできるかぎり簡潔に記述しています。そして，右側ページに図表や写真・イラストなどを配置して，実践指導のポイントを具体的に理解していただくためのヒントを提示しています。これは，ひとつのまとまったトピックを，それぞれのニーズに応じて，効率よく学習していただくための工夫です。

　ですから，前見返しの図に示されている指導のポイントごとに，必要な箇所

から読み始めてください。そのポイントに関連するトピックとの関係が，わかりやすく図として第2著者の岡本氏によって描かれています。この図を手がかりに関連項目を続けて読んでいただくことを，お勧めいたします。また，それぞれの指導のポイントの解説は後ろ見返しに示されています。

さらに，もっと体系的に読み進みたいという方のために，全体の内容を大きく4つに大別しました。そして，それを「もくじ」に掲げる4つの見出しで表現しました。本書での各項目の内容と配列については，それぞれのページをご覧ください。

本書は，教育現場の第一線で活躍されている先生方，大学で教員をめざして勉強している大学生の皆さん，認知心理学，教育心理学の応用研究に関心のある研究者を対象にしています。大学でテキストとして採用される場合は，授業の担当者から，より多くの具体的な例が示されることを期待しています。

最後になりましたが，樹村房の大塚栄一氏にお礼を申し上げます。単なるテキストで終わらない新しいタイプのテキストを出版したいという私たちの願いをかなえていただき，ご多忙のなか，十分なやりとりと丁寧な作業で本書を仕上げていただきました。本書が完成できたのは，ひとえに大塚氏のおかげです。記して感謝いたします。

2007年9月11日

執筆者を代表して　井上　智義

も く じ

はじめに………………………………………………………………… iii

I　学習者の認知と情報処理 ………………………………………… 1

II　学習者の認知を考えた教育の方法 …………………………… 51

III　学習者の認知にあった教育の技術 …………………………… 100

IV　学習者の認知にあった教育の評価 …………………………… 133

引用文献 ……………………………………………………… 163
さくいん ……………………………………………………… 167

前見返し…………11の指導のポイントと本書の内容（構造図）
後ろ見返し………11の指導のポイントの解説

【11の指導のポイント】

個性の理解と伸長	基礎学力の形成	知識の構造化
特別支援教育	評価の理論と技法	IT・メディアの活用
自ら学ぶ子ども	生きる力を育む	コミュニケーション能力の育成
学習への意欲・動機づけ	総合的な学習	

I
学習者の認知と情報処理

1. 学習者の記憶と知識……*2*
2. 活性化拡散モデルにみる知識構造……*4*
3. 典型的な事例とプロトタイプ……*6*
4. スキーマとスクリプト……*8*
5. 既存の知識と新しい学習内容の関係……*10*
6. スキーマと3種類の「わからない」……*12*
7. ことばの意味と言語連想……*14*
8. 言語理解と推論……*16*
9. 比喩とアナロジー的思考……*18*
10. 帰納と演繹……*20*
11. 大脳半球の機能差……*22*
12. 二重符号化説……*24*
13. 情報の具体性と抽象性……*26*
14. 学習時にことばを使用することによる逆効果……*28*
15. マルチメディア教材と学習……*30*
16. 認知における個人差……*32*
17. 学習目標と暗黙の知能観……*34*
18. 自己効力感と原因帰属……*36*
19. 学習目標と学習の動機づけ……*38*
20. 外発的動機づけと内発的動機づけ……*40*
21. 学習の転移と学習者の構え……*42*
22. メタ認知……*44*
23. 適応的熟達化と転移……*46*
24. 知的な初心者としての子ども……*48*

Ⅰ-1　学習者の記憶と知識

　学習（learning）とはさまざまな知識（knowledge）を増やし，技能（skills）を高めることだといえる。学校でテストされる内容を覚えることだけではなく，学習という用語には，社会の規則や習慣を身につけること，ことばを覚えること，機械の操作方法を習得することなど，さまざまな内容が含まれる。そして，そのすべての活動には，その時点で学習者が有している知識が必要とされる。したがって，効率のよい効果的な学習について考えるときには，知識がどのような形で私たちの頭の中に蓄えられていて，それがどのように学習を支えているのかについて，十分に知っておく必要がある。

　教科書を読んで学習するためには，文字や単語の意味に関する知識が必要とされる。教師の話を理解するためには，ことばの音声と意味の対応についての知識が必要である。このような言語に関する知識以外にも，世の中の出来事についての一般的な知識や，百科事典に記述されているような知識，適応的な生活をしていくうえでの社会の約束事なども，すべて知識とよばれる。認知心理学の領域では，これらは，いずれも長期記憶（long-term memory）に属する意味記憶（semantic memory）の中にあると考えられている。

　同じ長期記憶の中にあっても，ネクタイの結び方や自転車の乗り方，スポーツの規則やゲームの対戦ルールなど，ことばでは記述しにくいような行為に関する記憶も知識として扱われることがある。これらのものは，前述の一般的な事実に関する知識が宣言的知識（declarative knowledge）とよばれるのに対して，手続き的知識（procedural knowledge）とよばれる。当然ながら，宣言的知識となるものを学習する場合と，手続き的知識となるものを学習する場合とでは，それぞれの効果的な学習の方法に違いがある。

　また，新しい事柄を学習するときには，その事柄に関連のあるひとまとまりの知識が，学習者の記憶の中から想起され，その学習を支えることになる。その場合に，そのひとまとまりの知識はスキーマ（schema，Ⅰ-6 参照）とよばれる。スキーマは，必要に応じて活性化され，情報処理の効率を高めるとともに，さまざまな問題解決に役立つと考えられる。

I-1　学習者の記憶と知識

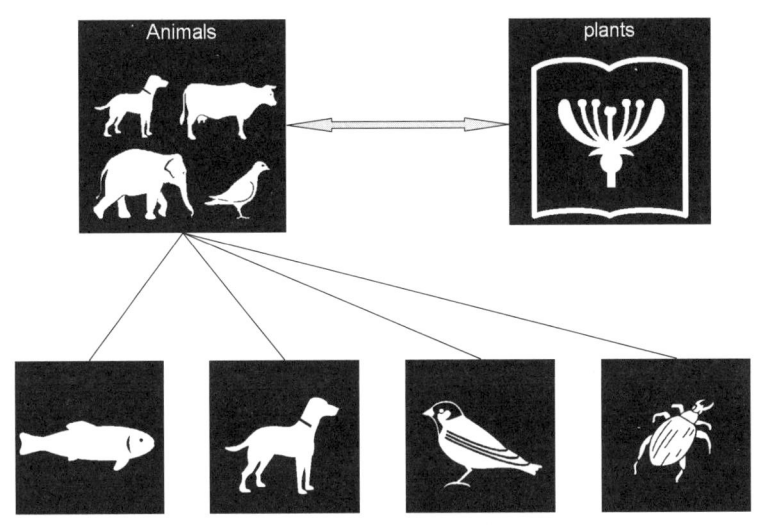

図I-1　動物に関する知識の断片の一例
▶動物は植物以外の生物であることだけでなく，動物には，どのようなものが含まれるかなどの知識が，ふつうは存在すると考えられる。（視覚シンボル提供は，日本PIC研究会）

■学習者の知識は，ある意味では，いつの段階でも不完全であることが多い。たとえば上の図では，動物という概念の中には，魚や犬，鳥や昆虫が含まれるという知識を表現している。それは必ずしも生物学的なカテゴリーとは一致しない場合がある。たとえば「人間は動物とは違う」という信念をもっている人にとっては，論理的には人間は動物には含まれない。おそらく，サンゴが動物であるとふだんから意識している人は多くない。植物と動物の違いはわかっているという人でも，ゾウリムシやミジンコのような微生物のことになると，区別のつかない人は少なくない。
■知識は常にことばで表現できるとはかぎらない。また，頭の中に記憶の一部として貯蔵されているときの形態も，ことばの集合体として貯蔵されているとは考えにくい。知識を構成する概念の中にも，視覚イメージやその物のにおい，触ったときの感触など，それぞれの感覚に直接依存したような内容も含まれると考えるほうが無難である。

（井上）

I　学習者の認知と情報処理

I-2　活性化拡散モデルにみる知識構造

　認知心理学者のコリンズとロフタス（Collins & Loftus, 1975）は，私たちの頭の中には，意味的に関係のある概念が相互にリンクで結ばれていて，ある概念が活性化されると，その活性化がリンクをとおして，近くの概念に広がっていくのだとした。

　たとえば，図I-2に示す図では，中央に「消防車」という概念があり，そのことばと直接的に，あるいは間接的に連想関係にある概念が，その周辺に配置されている。たとえば，「火災が発生するとやってくる車は？」というような質問をされたときに，「消防車」と答えることのできる速さ（反応時間）は，そのような質問を突然されるときよりも，その前に「急病人を病院へ運ぶ車は？」という質問の次になされるほうが，おそらく速くなることが予想される。その理由は，「救急車」が答えになるような質問を事前にされたときには，「救急車」に対応する概念が活性化されているために，次の質問を聞く時点では，「救急車」と強い連想関係にある「消防車」は，すでに活性化されており，答えを探すときに，より速くその概念にアクセスできるのだと説明される。

　このように人間は無意識のうちに，意味的に関連することばを，次から次へと処理しやすい状態に準備しているのだと考えられている。実は，このようなメカニズムが，さまざまな文脈の中で生起する事柄を効率よく処理するのに役立っている。

　そして，学習するということは，その複雑な概念のネットワークの中に，新たな概念を組み入れることだと解釈することができる。そうすることにより，連想の可能性はさらに増加し，そのネットワークは，さらに豊かなものになる。図I-2に示されているのは，そのような概念ネットワークの一例である。各概念間を結ぶ線はリンクとよばれるが，2つの概念間において，どちらからどちらへの連想が起こりやすいかとか，2つの概念はどのような関係にあるのかなどの情報も，同時にそこに付加されていないと効率のよい情報処理は行えない。

Ⅰ-2　活性化拡散モデルにみる知識構造

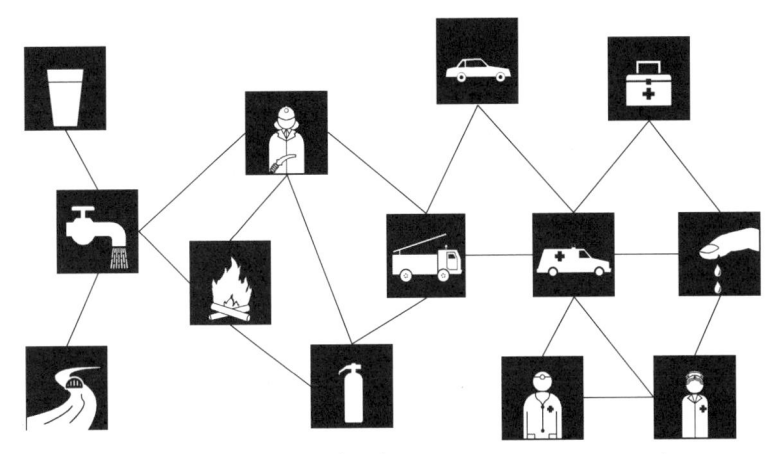

図Ⅰ-2　活性化拡散モデル（Spreading Activation Theory）
▶Collins & Loftus（1975）たちが英語で表記したモデルの考え方を，視覚シンボルを用いて著者が表現した。視覚シンボルで示される概念は，連想関係にある意味的に関係の強いものが，それぞれリンクで結ばれている。（視覚シンボル提供は，日本PIC研究会）

■知識構造は，当然のことながら学習者一人ひとりにおいて異なっている。しかし，よく似た学習環境をもつ者どうしや，普段から情報交換を行っている者どうしでは，知識構造も類似してくるものと考えられる。
■学習の重要なことのひとつは，知識構造の中に，新たな概念を付け加えることであるといえる。したがって，学習者がもっている既存の知識を教師が把握しておくことは，学習効果を上げるうえで，非常に重要だと考えられる。

（井上）

I 学習者の認知と情報処理

I-3　典型的な事例とプロトタイプ

　鳥とひと口にいっても，スズメやツバメのようにいかにも鳥らしい鳥から，ペンギンのようにあまり鳥らしくない鳥まで，さまざまなバリエーションがある。それでは，ある事例が，あるカテゴリーの成員であるかどうかを判断する場合，私たちの頭の中では，どのような認知プロセスがはたらいているのだろうか。

　このようなカテゴリー判断は，頭の中に蓄積された概念に関する知識を引き出し，それと照合することで行われていることは間違いない。つまり，カテゴリーの判断は，記憶という認知過程が支えていると考えられる。その際，頭の中には，比較の元となるプロトタイプ（多くの事例に共通する特徴を有する典型的な事例）という存在があると仮定し，それと目の前にある判断対象がどの程度類似しているかどうかを検討することで，カテゴリーに含まれるかどうかを判断していると考える理論がある。これは，プロトタイプ・モデル（Rosh & Mervis, 1976など）とよばれる。

　プロトタイプとはどういったものであるかを，ひとつの例を通して考えてみたい。図 I-3 の顔写真は，9名の顔写真をもとに作られた，いわゆる平均顔である。視覚的な類似性という意味で，プロトタイプというものを考えるのであれば，複数の顔の特徴やテクスチャ（質感）までも平均化されていることから，まさに，この平均顔が，9名の顔のプロトタイプであると考えてもよいだろう。

　図 I-3 の顔写真を見て，「どこかで見たことがあるような気がする」と感じなかっただろうか。平均顔のような典型性の高い顔の特徴として，このように既知感を伴うということが第一に挙げられるが，その一方で，他の顔と区別する手がかりとなるような特徴が少ないため，記憶に残りにくいといわれている。つまり，典型性の高さは，カテゴリー判断の速さと，記憶のしやすさに，逆の影響をおよぼすといえる。

Ⅰ-3　典型的な事例とプロトタイプ

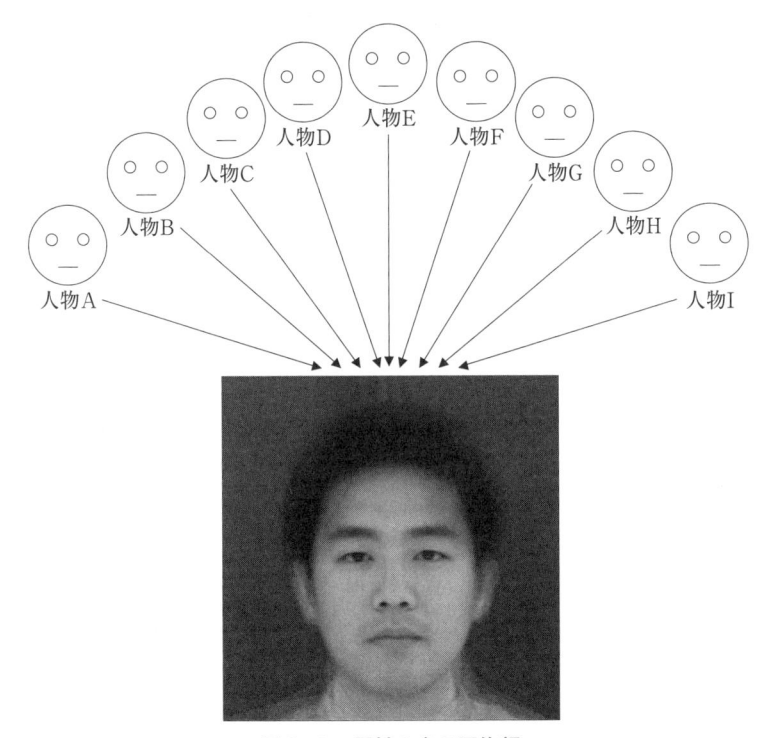

図Ⅰ-3　男性9名の平均顔

▶この図で提示されている顔は，コンピュータのモーフィング技術を用いて，人物Aから人物Iまでの9人の顔を平均化してできたものである。

(北神)

I-4　スキーマとスクリプト

　認知心理学では，ひとまとまりの抽象化された知識をスキーマとよぶ。人間は毎日の生活の中で出くわすさまざまな課題において，すでにもっているスキーマを動員して，種々の問題解決をトップダウン的に行っている。たとえば，天気予報を聞くときには，天気図の知識や，快適な気温はどれくらいかという知識，どの程度の降水確率があれば雨具が必要であるかの知識などを動員して，伝えられる天気予報を理解しようとしている。もし仮に，このような天気に関するスキーマがなければ，天気予報で伝達される情報は，あまり意味が理解できないし，それをもとに適切な行動をとることもできないかもしれない。殺人事件のニュースを聞いて，被害者や加害者の情報，凶器や犯行の動機が，気になることとして意識されるのは，殺人事件のスキーマを私たちがもち合わせているからにほかならない。

　シャンクとエイベルソン（Schank & Abelson, 1977）は，スキーマの中でも特定の場面と定型化された行為の時系列が関与する知識をスクリプトとよんだ。たとえば，病院で診察を受けるときには，表Ⅰ-1のような病院で外来患者に期待されるような一連の行動の時間的な流れをある程度理解している必要がある。このような時間の経過とともに予想される行為の内容とその順序が，私たちの頭には記憶されていると考えられる。もっとも，眼科などでは検温が省略されるのが普通であるし，薬は直接受付でもらわないで，処方箋だけもらって，薬局へ出かけるというようなことが最近では一般的である。

　このようにスクリプトは，事情によって多少の変更があるだけでなく，海外へ出かけて大きく文化が異なる場合は，そのスクリプトが機能しない場合も考えられる。たとえば，日本の家庭での入浴スクリプトは，浴槽内で身体を洗う西洋の入浴スクリプトとは大きく異なっており，そのスクリプトを知識としてもち合わせていなければ，適応的な行動はとれない。コインランドリーで洗濯するには，コインランドリースクリプトが必要であるし，それは家庭内での洗濯の方法とは多少異なっている。さまざまな料理のレシピにも，それぞれに対応するスクリプトがあるといって差し支えない。

I-4 スキーマとスクリプト

表I-1　外来患者に求められる「病院での診察」スクリプト

目　的：病気の治療，症状の軽減
所持品：現金，保険証，診察券（所持している場合のみ）
人　物：本人（患者），受付係，医者，看護師

［場面1：受付］
①外来の受付に行き，受付係に保険証を渡す
②初めての病院の場合は，問診表に記入する
③診察券を持っている場合はそれを受付に提出する
④症状を尋ねられたら簡単に答える
⑤検温器を渡される場合がある

［場面2：待合室］
⑥検温器を渡された場合は体温を測定して，結果を受付に報告する
⑦名前を呼ばれるまで待合室で待つ

［場面3：診察室］
⑧呼ばれたら診察室に入る
⑨診察を受け，医師の質問に答える
⑩必要に応じて，治療を受ける

［場面4：待合室］
⑪診察室を出て再び待合室で待つ

［場面5：受付］
⑫呼ばれたら薬（または処方箋）をもらって料金を支払う
⑬その場を去る

（井上）

Ⅰ-5　既存の知識と新しい学習内容の関係

　チー（Chi, 1978）は，チェスのうまい小学生とチェスをほとんど知らない大人に対して，実際のチェスの対戦で見られるような棋譜とでたらめにチェスをならべた棋譜を数秒間提示して，それらを覚えるように求めた。結果は，図Ⅰ-4に示したとおりであった。この結果の解釈であるが，もちろん小学生の記憶能力が優れていると考えることはできないので，小学生の棋譜パターンの認知が優れていると考えられた。すなわち，チェスのうまい小学生は，コマを一つひとつ認知しているのではなく，いくつかのコマの配置をひとつのパターンとしてとらえて覚えているために，記憶能力が低くてもたくさんのコマの配置を覚えることができたのである。

　Ⅰ-1で述べたように，私たちの知識は，スキーマとよばれる知識のまとまりに構造化されて記憶の中に蓄えられている。このスキーマは，国語の文章を読んだり，数学の問題を解く際などにも，重要な役割を果たしている。たとえば，岡本・馬場園（1990）は，小学生が物語を読むときに，図Ⅰ-5のような材料文に物語スキーマである起承転結を明示したテキストを与えると，読解成績が上昇することを報告している。このことは，私たちが教科書の文章から新しい内容を学習するときに，スキーマを利用しながら理解したり，記憶したりしていることを示しているであろう。これは，日本昔話がスキーマがはっきりしていて，小さな子どもにも理解しやすいことからもわかる。

　まとめると，私たちが新しい学習内容を覚えるときには，単に記憶能力がよいとか悪いとかいったことが関係しているわけではないようである。それよりも，覚える前に，学習内容を意味づけたり，既有知識に関連づけたりするような認知のはたらきが重要である。そして，そのはたらきはスキーマによって支えられているのである。

　先にも述べたように，子どもたちはすでにたくさんの既有知識をもって，学習に望んでいる。教師が指導する際には，学習内容を単独で覚えるような指導ではなく，今までに学習した事柄との関連づけを強調しながら，既有の知識から子どもたちが意味づけられるような指導を行っていくことが望まれる。

I-5　既存の知識と新しい学習内容の関係

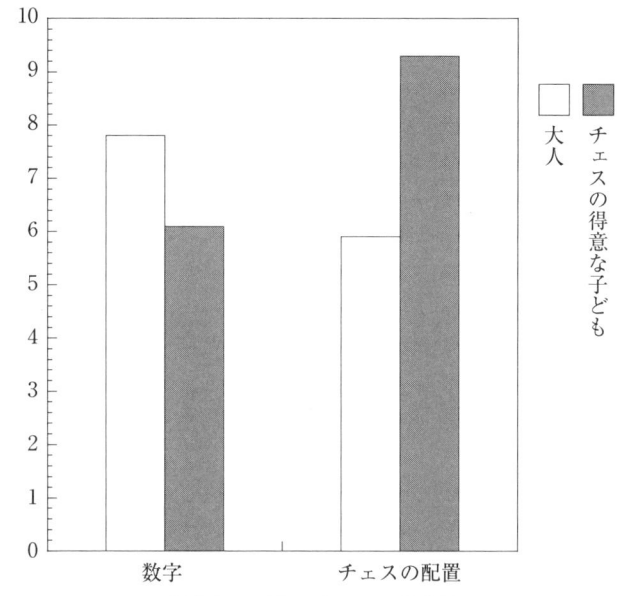

図I-4　チェスの得意な子どもと大人の記憶成績（Chi, 1978より作成）

▶数字の記憶では，大人が小学生よりも優れていたので，記憶力では大人のほうが優れていると考えられるが，チェスの配置パターンの記憶成績ではチェスの得意な子どものほうが優れていた。すなわち，チェスの得意な子どもは自分のもっているチェスの知識を利用してチェスの配置を効率よく覚えたのである。

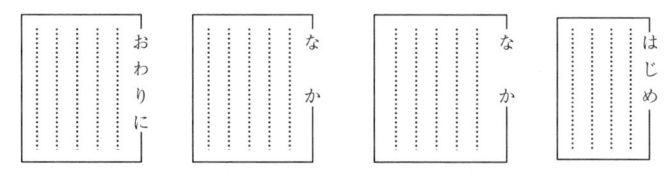

おわりに　／　なか　／　なか　／　はじめ

図I-5　岡本・馬場園（1990）で用いられた材料文

▶国語の文章を読ませる時に，起承転結のそれぞれを枠で囲み，文章のスキーマ構造を明示化させる文章教材。スキーマを自発的に利用できない年少の子どもでは，教師が外的にスキーマを与えることで子どもたちが利用できるようにするような指導例である。

（岡本）

I-6　スキーマと3種類の「わからない」

I-1 でも述べられているように、新しい事柄を学習するときには、その事柄に関連のあるひとまとまりの知識が、学習者の記憶の中から想起され、その学習を支えることになるが、その場合に、そのひとまとまりの知識は、スキーマとよばれる。つまり、スキーマは、別に言い換えれば、「既有知識」ということになる。教える側にとって、学習者を「わからない」という状態から、「わかった」という状態へ変化することこそ、教授活動がうまくいったといえるのだが、上述のスキーマという概念から考えれば、同じ「わからない」という状態も、基本的には3種類に分けられる。

まず、第1に、「スキーマがない」という意味の「わからない」である。図I-6を見て、これは、何を意味するシンボルかわかるであろうか。これは、主に知的障害者用に、時間を知らせるタイマーのような機器であり、タイムエイドとよばれるものである。これがなぜわからないかというと、わかるために活性化されるべきスキーマがそもそも存在しないからである。

第2に、「スキーマと結びつけられない」という意味の「わからない」である。表I-2の文章を読んでみると、なぞなぞのようであって、少し考えたぐらいでは、何を表している文章かよくわからない。だが、「パラシュートに乗った人」と聞けば、たちまちにその意味がわかるだろう。これは、パラシュートという活性化されるべきスキーマは存在するものの、理解に必要な手がかりや文脈が少ないため、うまく活性化されないために、わからないと考えられる。

第3に、「誤ってスキーマと結びつけてしまう」という意味の「わからない」である。図I-7を見ると、日本人のほとんどは、「神社」もしくは「鳥居」を表すシンボルであると答える。しかしながら、もともと、これが作られたカナダでは、「ピクニック」という概念を表すためのシンボルである。つまり、まったくわからないわけではないが、理解にとっては、適切ではないスキーマが活性化されてしまうためにわからない、ということである。

教える側にとって、学習者が、上記3種類いずれの「わからない」状態であるかを把握することは、教授方法を考えるうえで重要であるといえるだろう。

I-6　スキーマと3種類の「わからない」

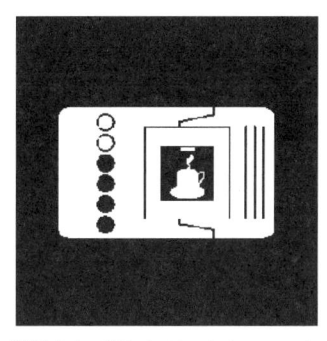

図 I-6　**視覚シンボル**（画像の提供は，日本 PIC 研究会）

表 I-2　ある文章

The haystack was important because the cloth ripped.
（布が裂けたので，干草が重要だった。）

図 I-7　**視覚シンボル**（画像の提供は，日本 PIC 研究会）

(北神)

I-7　ことばの意味と言語連想

　「1月」ということばの刺激から、「正月」や「お年玉」というようなことばが反応として出てくるのは、日本で生活している人にとっては、ごく自然な連想だといえる。このような言語連想がなされるためには、人間の頭の中に、「1月」と「正月」、「1月」と「お年玉」のそれぞれの概念の間が、なんらかの連絡路で結ばれていると考えなければならない。言い換えれば、これらの言語連想が起こる背景には、たとえば「1月には正月という行事があり、子どもたちはそのような機会に、お年玉をもらうことがある」という知識がそこには存在することになる。

　すなわち言語連想は、心理学的な手法としても、知識の状態を間接的に観察できる数少ない手法だといえる。知識とよばれるもののうち、少なくともあるタイプのものは、意味的な関連のある概念と概念が、なんらかの連絡路で結ばれて表象されたものであると考えるのが自然である。概念とは、ことばの意味をさす用語であるが、必ずしも、連想という行為は、ことばとことばの間だけでなされるものでもないようである。ある写真から人物の名まえを思い浮かべたり、逆に、地名からある風景をイメージできたりするのも、広義に理解すれば連想だといえる。言語連想の問題に限ったとしても、そこで視覚イメージなど言語以外の情報が果たしている役割は決して少なくないと思われる。

　表 I-3 は、松尾・倉内・渡辺・井上（2004）のバイリンガルの語連想の調査結果の一部を示している。同じ意味を表すと考えられる「1月」と「January」からは、日本語と英語を使用するバイリンガルの人たち100名のデータにおいて、かなり異なる言語反応が示されている。日本語の「1月」から得られる連想語の「お年玉」、「もち」、「初詣」などは、英語の「January」が刺激語である場合には得られない。日本語の「雪だるま」は英語では「snowman」に対応すると考えられているが、2つのボールで作られる「雪だるま」と、3つのボールで作られる「snowman」は、まったく等価な意味だとは考えにくい。つまり、文化の違いによって、具体的に指し示される内容には違いが生じる可能性も少なくない。

I-7 ことばの意味と言語連想

表 I-3 バイリンガルの語連想調査
(松尾・倉内・渡辺・井上, 2004 より作成)

1月		January	
反応語	反応数	反応語	反応数
正月	73	new year	69
お年玉	53	snow	60
もち	40	cold	54
雪	37	winter	29
冬	24	snowman	17
寒い	23	money	15
新年	17	New Year's Day	12
おせち料理	15	family	12
年賀状	15	white	10
こたつ	14	ski	9
元旦	13	Happy New Year	7
みかん	12	post card	7
雪だるま	11	food	5
初詣	10	snowboard	5
3学期	9	temple	5
雑煮	8		
神社	7		
スキー	7		
成人式	6		
冬休み	6		
たこ揚げ	6		
羽子板	5		
新学期	4		
門松	4		
おしるこ	4		
初日の出	4		
反応総数	350	反応総数	415
総反応項目数	95	総反応項目数	76

(井上)

I　学習者の認知と情報処理

I-8　言語理解と推論

　人間が言語情報を理解しようとするときに，記憶はどのようなはたらきをしているのだろうか？　目や耳から入ってくる言語情報は，文章がそのままの形で録音されたり，筆記されたりするような状態ではなく，何らかの処理しやすい形に変換されると考えるのが自然である。

　ケロッグ（Kellogg, 2003）は，人間の言語理解の過程を，図I-8に示すような状況モデルを用いて説明している。それによると，入力される言語情報は，比較的単純な複数の命題として一時的にワーキングメモリのなかで保持される。図のなかで，「P1」や「P2」などと表現されているのが，テキストから得られた命題だとしておく。それらの命題やその前後関係などの文脈の情報などから，状況モデルとよばれるモデルが構築される。このモデルは，テキストにある命題をその一部分として説明する。この状況モデルは，テキストの内容から得られるのではなく，通常は，長期記憶のなかに貯蔵されている知識とみなされるような意味記憶によって活性化される。

　図I-8のなかで「S1」や「S2」で表現されているものは，状況モデルから得られた命題である。さらに，すべての命題を包括できるようなより高次な命題は，マクロ命題とよばれ，図では「M1」や「M2」などで表現されている。このマクロ命題こそが，すべての命題をまとめて要約する機能を担うことになる。

　すなわち，言語情報の理解には，単に入力されるテキストの内容を正確に記憶しているかではなく，そこには明示されていない，しかし関連のある既存の知識の一部を，いかにうまく動員できるかにかかっていると考えられる。

　ワーキングメモリには容量に制限があるため，命題の数が余りにも多くなり，その容量を超えてしまうと，その作業（ここでは言語理解）がうまく機能しなくなる。そこで役立つのが，視覚イメージ情報であり，言語理解を助けるものとして有効なものであるといえる。つまり，すでに聞き手がもっている知識を有効に動員できるように，伝えようとしている情報に関連のある既知の情報を活性化できるような視覚イメージ情報は，とくにその効果を発揮すると考えられる。本を読むとき，あるいは，人の話を聞くときには，その内容に関連する視覚イメージを思い浮かべることが，非常に有用だと考えられる。

I-8 言語理解と推論

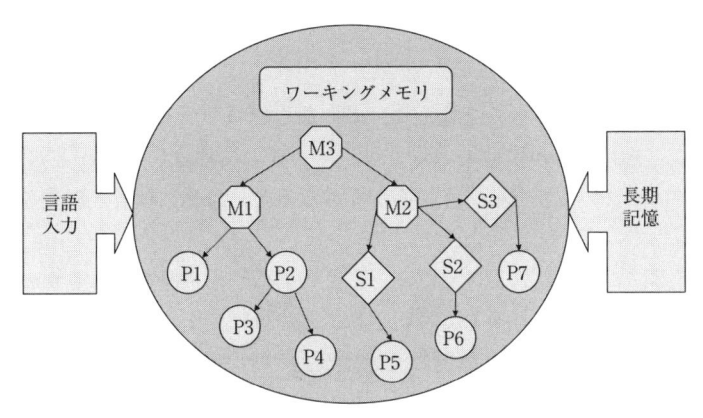

図 I-8　言語情報の理解と記憶に関するモデル（Kellogg, 2003を参考に作成）

■今,「日本がイラクに自衛隊を派遣した」というような文を理解しようとすると,「日本政府が何かを決めた」「日本には自衛隊が存在する」「自衛隊がイラクに行った」「イラクの治安はよくない」などの命題が,いずれも「日本がイラクに自衛隊を派遣した」という文の理解する過程で活性化されることになる。しかし,これらの情報は,言語情報のテキスト部分から理解されるのではなく,「自衛隊スキーマ」とでもよべる自衛隊に関する知識,「戦争スキーマ」「治安維持スキーマ」などとよべる意味記憶に貯蔵されている記憶内部の知識から生成されるものである。この図 I-8 に示すモデルでは,それらの命題もまたワーキングメモリのなかに一時的に保持されて,文理解という活動に貢献すると考えられる。

　ワーキングメモリとは,コンピュータの CPU にあたる人間の重要な記憶のひとつで,行為の遂行に必要な一時的な記憶の場所を提供する。音韻ループと視空間スケッチパッド,それに中央制御系からなるといわれている。さらに,エピソード的バッファという第4の構成要素を追加したモデルが最近では提唱されている（Baddeley, 2000参照）。

（井上）

I-9　比喩とアナロジー的思考

　私たちが，初めてのものを見たり，まったく知らなかったことを聞いたりしたときに，それが何かに似ているとか，AとBの関係は，ちょうどCとDの関係に対応しているなどという説明がなされると，急速に理解が促進されることがある。
　たとえば，電気回路における電流と電圧の関係が，水路を流れる水の流れとその位置の高低差に置き換えて説明されると，目に見えないものが可視的にとらえられることになり，具体的な理解が促進されることもある。それに加えて，電気回路に関する話は初めて聞くものであっても，水の流れる性質については，それまでに見たり聞いたりしている可能性が高く，既存の知識を未知のものに当てはめて考えることが可能になる。
　ジェントナー（Gentner, 1982）は，科学的なアナロジーと比喩の関係を扱った論文の中で，図Ⅰ-9に示すような図式を用いて，原子の構造が太陽系の構造によって説明されるアナロジーモデルを示している。核と電子の間には引力が存在し，電子が核の周りを回転し，さらに，その中心となる核に質量は，電子の質量よりも大きいことが太陽系とのアナロジーで説明される。ここでは，視覚的にイメージしにくい原子核と電子の関係を，比較的イメージしやすい太陽と惑星の関係にたとえて，すでに知っている知識を活用することにより，未知の情報を理解するメカニズムを具体的に示している。
　もっとも，比喩やアナロジーを用いた理解には，学習にとって都合のよいことばかりが起こるわけではない。たとえば，太陽系の構造を原子の構造に当てはめたときに，太陽系のもつ属性で原子にはない属性までが，間違って学習されてしまう可能性がある。たとえば，太陽系の中心に位置する太陽は，非常に高温であるという性質をもっているが，そのことは原子構造には当てはまらない。電気回路の問題を水力学で説明した最初の例においても，たとえば，「水は高い位置から落ちるときは早く流れるので，電位差の大きいところでは電流も多く流れるはずだ」という推論は正しいかもしれないが，「抵抗の大きなところでは発熱する」とか，「電子は電流の流れと反対方向に移動する」などの事実は，水力学とのアナロジーからは得ることができない。

I-9 比喩とアナロジー的思考

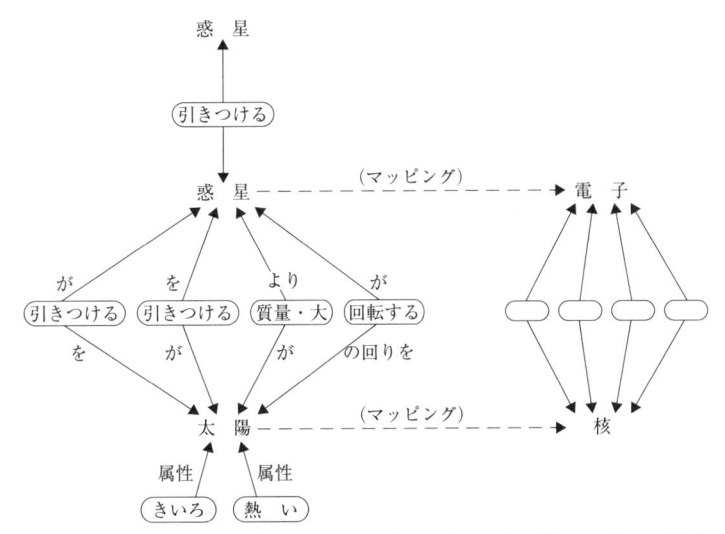

図 I-9 Gentner (1982) による原子/太陽系のアナロジーモデルの図式

■比喩やアナロジーは，学習者にとって未知の概念を学習したり，物事の関係などを理解したりするときに，確かに役に立つ。しかし，それだけではなく，創造的な思考やさまざまな規則や法則の発見にも役立つ場合があると考えられる。

(井上)

I-10　帰納と演繹

　「今日の夜ごはんは何を食べよう？」「どうすれば，友達とうまくやっていけるだろう？」など，私たちは，日々，いろいろなことを考えている。このような認知活動は，「思考」という一語に置き換えることができるが，「思考を思考する」，つまり，「考えるということ自体を考える」ことは，あまり経験のない人も多いのではないだろうか。

　思考について考えるうえで，基本的で，かつ，重要な概念がある。それは，「帰納」と「演繹」である。中学校や高校の数学の時間に，「帰納法」という証明の仕方の一種を学習することから，前者については，何となく聞き覚えのある人も多いかもしれない。しかし，後者については，「えんえき」という読み方も難しいのだが，初めて聞く人も多いかもしれない。

　「帰納」も「演繹」も，思考や推理の手続きを表すことばであり，平たく言えば，考え方のタイプを示すものである。まず，「帰納」とは，個別の事例から，何らかの法則もしくは理論を導き出す，という思考である。たとえば，さまざまな種類の魚を観察して，その共通点（水中で生活する，ヒレがある，など）を見つけ出し，「魚とはこういうものである」という法則を導き出すものである。これに対して，「演繹」とは，何らかの法則もしくは理論から，個別の事例（結論）を導き出す，という思考である。たとえば，目の前に未知の魚がいたとして，「一般的に，魚とは，水中で生活するものである」という法則から，「この未知の魚は，水中で生活する」という結論を導き出す思考は，演繹である。

　このように，「帰納」と「演繹」とは，前者が「特殊から一般へ」，後者が「一般から特殊へ」と言い換えることができるように，考える過程が正反対の関係にある（図Ⅰ-10）。考え方のタイプとして，両者の内，どちらが優れているかというものではなく，表Ⅰ-4のとおり，それぞれ，メリットとデメリットがあるため，相補的な関係であるといってよい。大事なことは，そのメリットとデメリットを十分に把握したうえで，適宜，帰納と演繹を使い分けることであろう。

I-10 帰納と演繹

帰納

個別の事例（特殊） → 法則, 理論（一般）

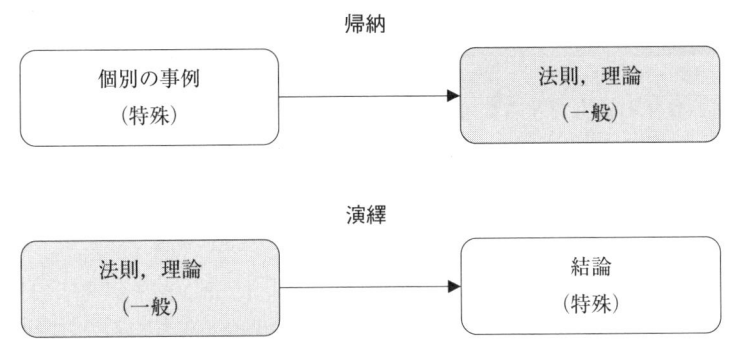

演繹

法則, 理論（一般） → 結論（特殊）

図I-10 「帰納」と「演繹」の関係図

▶この図は，思考や推理の手続きである「帰納」と「演繹」という概念を表したものである。「帰納」は，個別の事例から，何らかの法則や理論を導き出すものであり，「特殊から一般へ」と言い換えることができる。一方，「演繹」は，帰納とは逆で，ある法則や理論から，個別の事例について結論を導き出すものであり，「一般から特殊へ」と言い換えることができる。

表I-4 「帰納」と「演繹」のメリット・デメリット

	帰納	演繹
メリット	演繹に比べて，認知的な負担が少ない（楽に法則が導き出せる）	結論は，常に論理的に妥当である
デメリット	得られた法則が正しいものであるとは限らない（法則には合わない個別の事例が出てくるという危険性が常にある）	前提となる法則が間違っていれば，当然，得られた結論も間違ったものとなる

▶「帰納」と「演繹」は，一般的に，どちらが優れているというものではなく，表に示されているとおり，それぞれメリットとデメリットがあり，裏表の関係，あるいは，相補的な関係にある。

（北神）

Ⅰ 学習者の認知と情報処理

Ⅰ-11 大脳半球の機能差

　人間の身体の器官で左右に2つあるものは少なくない。目や耳だけでなく，肺や腎臓もほぼ左右対称に2つの器官が備わっている。同じようなはたらきをする器官が2つあることの理由には，仮に片方に機能障害や損傷があったときに，その機能が完全に失われるのではなく，他方がそれを補うことができるということがあるかもしれない。しかし，それだけではなく，2つあってはじめて機能するようなことも珍しくはない。脚は両方あってはじめて歩行が可能になるし，両目があることで奥行きの知覚ができ，また，両耳があることで音源定位が可能になる。

　さて，それでは，脳が左右に2つに分かれていることにはどのような理由があるのだろうか。高次な認知機能についてのこれまでの神経心理学的な研究によって，左右の大脳半球には，異なる機能をつかさどる部位がそれぞれの特定の場所にあることなどが知られている（Iaccino, 1993）。図Ⅰ-11では，大脳半球の左右の情報処理における機能の違いをごく単純に表現している。人間はみんな左右の脳を有しているが，個人によっては，相対的に左半球の活動が，右半球の活動に勝っている人たち，逆に，右半球の機能が左半球の機能を上回っている人たちがいるようである。すなわち，物事を細かな点について分析的論理的に考えるタイプの人たちがいる一方で，物事の全体を把握することが得意で直感的にすばやく判断をくだせる人もいる。これらのことは，いわゆる認知スタイルと密接にかかわっており，人間の情報処理の個人ごとのスタイルの重要な部分を規定しているようである。

　しかし，人間のこれらの機能は，生まれたときから生得的固定的に備わっているものとも考えにくく，教育が介入できる可能性は大いにある。すなわち，もともと直感的な判断が得意な人には，そのような長所を保持したままで，論理的な思考を促すような指導により，より理想的な判断ができるようになるかもしれない。また，言語的抽象的な説明が得意な人には，そのような長所をいかしつつ，具体例を思い浮かべて論理を進めるような訓練が必要になるかもしれない。

22

I-11　大脳半球の機能差

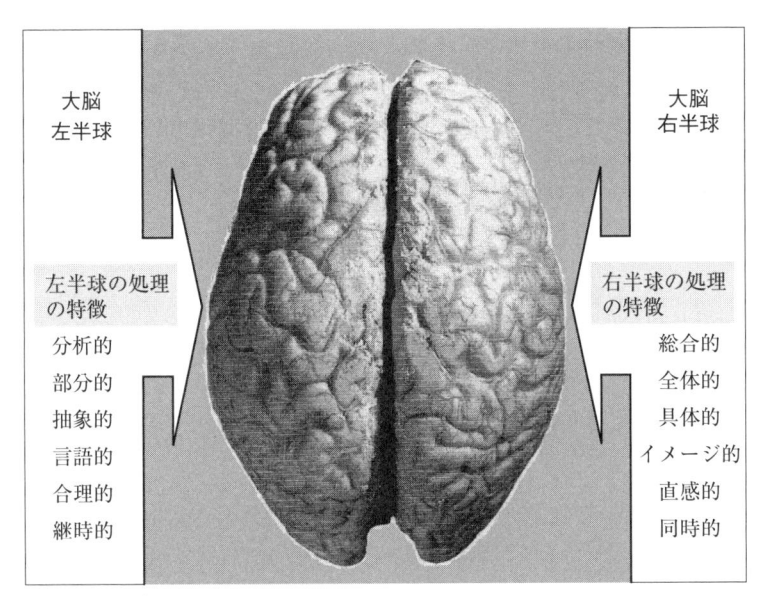

大脳左半球

左半球の処理の特徴
- 分析的
- 部分的
- 抽象的
- 言語的
- 合理的
- 継時的

大脳右半球

右半球の処理の特徴
- 総合的
- 全体的
- 具体的
- イメージ的
- 直感的
- 同時的

図 I-11　大脳半球の左右の情報処理における機能の違い

■左半球は，首から下では身体の右半分をコントロールしている。左半球にダメージを受けたときに，右半身不随になるのはそのためである。それだけでなく，左半球にダメージを受けたときには，失語症になる場合が少なくない。これは，左半球が言語情報処理の大切な部分をつかさどっていることを物語っている。

■そのほかに，左半球の情報処理の特徴としては，図 I-11に示すとおり，詳細にわたる分析的な処理，時系列で入力される情報の処理，抽象的な処理や合理的な判断にかかることに関与していると考えられる。それに対して，右半球では，身体の首から下の左半分をコントロールしながら，一つひとつの細かな処理ではなく，全体的総合的な情報処理や，イメージ的直感的な思考や判断，具体的なものの理解に関与していると考えられている。

（井上）

I-12　二重符号化説

　書きことばや話しことばで得られる言語情報や，写真やイラスト，絵画などの視覚イメージ情報などを人間がどのように処理しているのかについて，ペイヴィオ（Paivio, 1981）という認知心理学者は，二重符号化説（dual coding theory）という考え方を提唱している。図I-12に示すとおり，この理論によると，人間は情報を処理するときに，「言語システム（verbal system）」と「イメージシステム（image system）」とよばれる，2つの独立した認知システムを用いて，情報の符号化や体制化，そして貯蔵や検索などを行っているとされる。基本的には，言語情報は「言語システム」で処理され，視覚イメージ情報は「イメージシステム」で処理される。

　しかし，私たちは見たものや聞いたものをそのままの形で記憶したり，理解したりしているのではなく，自分にとってわかりやすい形に変換して情報処理を行っている。たとえば，「のぞみ」ということばから，新幹線の青いラインの入った車両の視覚イメージ情報を思い浮かべたり，逆に，静岡付近で新幹線の車窓から見える景色を見て，「富士山」ということばを思い浮かべたり，入力される情報と頭の中で処理をするときの情報は，必ずしも同じ形態をしているとはかぎらない。二重符号化説によると，入力される情報の形態以外の形に情報を変換して，両方のシステムを用いて情報を処理したほうが，理解がよく記憶にもよく残るとしている。

　すなわち，学習場面においても，単なることばだけの説明に終始するのではなく，実物や模型，写真やイラストを見せて「イメージシステム」を活用するとか，逆に，写真や絵を見ているときにも注意を向けるべきところについて，ことばで説明するなどして「言語システム」を活性化させるなど，同時に2つのシステムを活用することが効果的な情報処理につながることが示されている。

　また，ペイヴィオは，2つの言語を処理するときにも，二重符号化説の応用的なモデルを当てはめて説明し，単一の言語で処理するよりも，複数の言語で処理したときのほうが，言語情報の理解が進み，より精緻な符号化が行われるために，記憶にもよく残るとしている。

I-12 二重符号化説

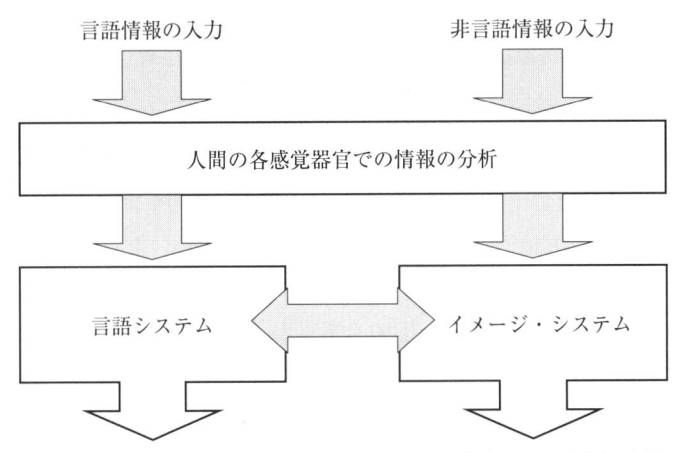

図I-12 ペイヴィオの二重符号化説における構成要素の図式的表現
(Paivio & Begg, 1981より作成)

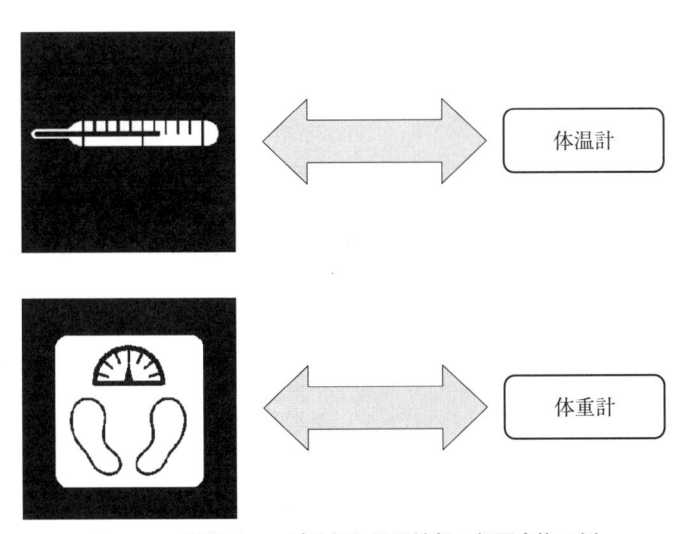

図I-13 視覚イメージ情報と言語情報の相互変換の例
(視覚シンボル提供は，日本PIC研究会)

(井上)

I　学習者の認知と情報処理

I-13　情報の具体性と抽象性

　図I-14では，視覚イメージ情報になりうるものを4種類あげ，それぞれの情報の抽象度と情報量の特徴を簡潔に示している。「百聞は一見に如かず」という諺があるように，言語で説明するより，実際のものを目の前に提示することによって，具体的な情報が伝わる場面は少なくない。ただ，状況によっては，実際のものをそこに持ってくることがむずかしい場合や，なんらかの事情で肉眼では観察できないようなものもあるかもしれない。そのようなときには，たとえば模型で提示するとか，写真やイラストのほうが視覚イメージ情報として適切である場合も少なくない。受け手が行ったこともないような場所の情報を示すために，地図や家屋の見取り図が提示されるような場合があるが，もし，入手可能なら立体的な模型や3Dのコンピュータ・グラフィクスやビデオ映像なども具体的な情報としては役に立つ。

　ただ視覚イメージ情報は，具体的で情報量の大きいものが常に優れているとはかぎらない。たとえば，写真は通常はそのものだけが映し出されるのではなく，本質的でない細かな特徴や影まで，その視覚イメージの中に含んでしまうことになる。その点，イラストや視覚シンボルは，どうでもよいような不必要な細かな情報を切り落として，いま伝えたい部分のみを強調して示すときに有効である。そして情報として提示することが比較的簡単であることも，その大切な特徴のひとつとしてあげられる。

　一般的には，図I-14で示されるとおり，具体的なものは情報量が大きく，抽象的なものは情報量が小さいと考えられる。その意味では，言語は典型的に情報量の小さな抽象的なシンボルだといえる。コミュニケーションの相手が，すでに必要な知識を持ち合わせているときには，言語だけの説明で十分に伝えたいことが伝わる場合もあるが，相手がそのような知識を持ち合わせていない場合は，言語だけのコミュニケーションでは不十分な場合が多く，そのようなときには，視覚イメージ情報やその他の感覚にうったえるような具体的な情報の提示が必要とされる。

Ⅰ-13 情報の具体性と抽象性

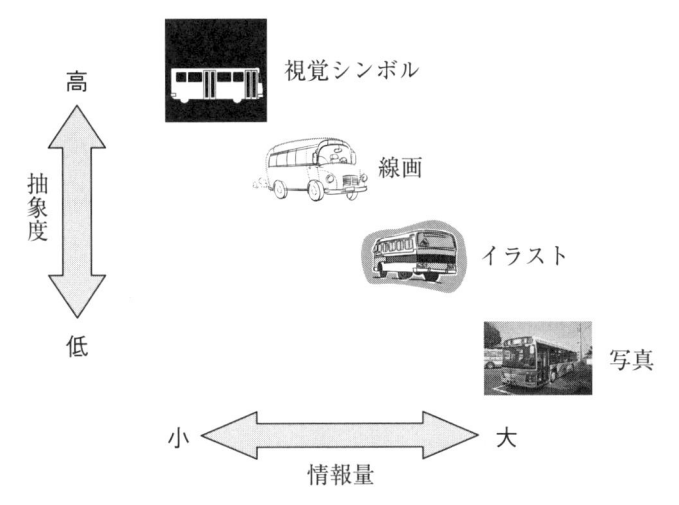

図Ⅰ-14 視覚イメージ情報の種類とそれらの情報量と抽象度

▶実物は最も具体的で情報量も多いが，実際に提示する際に困難が伴うことが多く，特定の事物しか実現できない。

■インターネットで利用可能な視覚イメージ情報を提供しているウェブサイトの例
①フォトサーチ：http://www.fotosearch.com/
　写真，イラスト，アニメーションなどの多彩な視覚イメージ情報を英語のキーワードを使って検索できるサイト。
②ピクトグラム・コミュニケーション：http://pic-com.jp/
　PIC などの視覚シンボルを6つのカテゴリーから容易に検索できるサイト。コミュニケーション支援ソフトのお試しソフト的な意味合いを有している。
③マイクロソフトの世界地図：
http://encarta.msn.com/encnet/features/mapcenter/map.aspx
　地球儀のうえで，マウスポインターを移動させ，表示させたい部分をクリックすることにより，その地域の地図を表示できるサイト。

(井上)

I -14　学習時にことばを使用することによる逆効果

　書きことばにせよ，話しことばにせよ，学習場面で何らかの形でことばを使用する機会は非常に多い。たとえば，図Ⅰ-15は，何に見えるだろうか。少し見ただけでは，何を表現したものかよくわからないが，「装甲車の中から見たエッフェル塔」といわれると，一瞬にして，図が表しているものが何か理解できると思われる。このように，ことばは，意味づけや解釈にかかわる大事なものであり，たいていの場合，ことばを使うことで，学習やその記憶が促進される。

　しかしながら，学習の対象や状況によっては，ことばを使用することが，上述の例とは，いわば逆効果になってしまうことがある。その古典的な実験例が，図Ⅰ-16に示されている。カーマイケルら（Carmaichael et al., 1932）は，図の上に示されているようなあいまいなパターン図形を実験参加者に覚えてもらった。その際，図形にはラベルが付けられていたのだが，人によって種類の異なる2種類のラベル（「めがね」または「ダンベル」）のどちらかが付けられていた。そして，覚えた図形を書いてもらうテストを行ったところ，付けられたラベルに影響されて，ラベルの意味に適合するようなもっともらしい図形が描かれた。つまり，覚えたときそのままの図形を描くことができない，という意味で，ことばを使うことが逆効果になってしまっている。

　これ以外にも，たとえば，人間の顔の記憶，味覚の記憶，地図の記憶，音の記憶などにおいて，ことばを使うことで，学習や記憶がかえって阻害されてしまうことが，いくつもの研究で示されており，このような現象は「言語陰蔽効果（verbal overshadowing effect）」とよばれている。すでに述べたとおり，ことばを使うことによって，意味や状況がわかりやすくなり，学習や記憶が促される反面，簡単に言えば，ことばではとらえきれない細かな情報が抜け落ちてしまうため，逆効果になってしまうのである。学習には，さまざまな内容や対象があるということから考えても，「ことばの使用は，どのような状況においても万能ではなく，むしろ，ことばを使わないほうがよい場合がある」ということは，学習方法や教授方法を考えるうえでも，重要な点のひとつである。

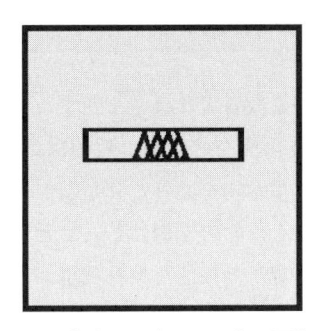

I-14 学習時にことばを使用することによる逆効果

図I-15　意味がよくわからない画像の例

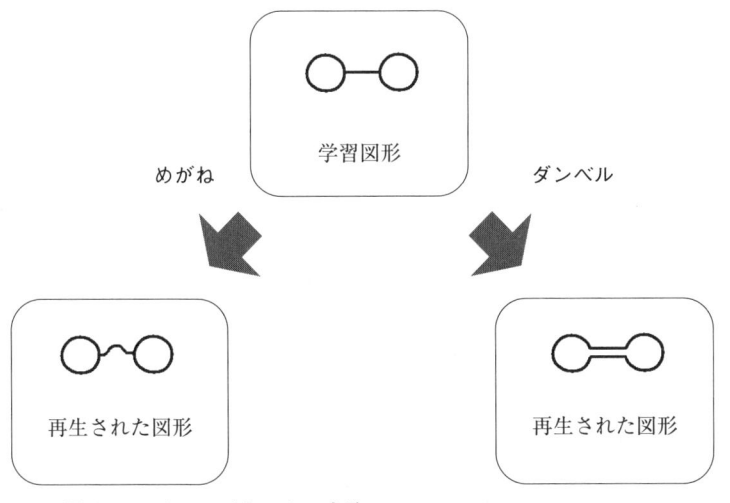

図I-16　カーマイケルらの実験 (Carmaichael et al., 1932より作成)
▶実験では，まず，「めがね」あるいは「ダンベル」というラベルを与えられたうえで，学習図形を覚えるように求められた。そして，覚えた図形を思い出して，紙に書いてもらうと，「めがね」というラベルを与えられた実験参加者は，めがねとしてもっともらしい図形を描き，「ダンベル」というラベルを与えられた実験参加者は，よりダンベルとしてもっともらしい図形を描いた。

(北神)

Ⅰ-15　マルチメディア教材と学習

　子どもたちが学習に用いる教科書にはさまざまな形で写真，挿絵，図表などが載っている。また，授業場面などでも，教師はことばで説明するだけでなく，黒板に図を書いたり，提示物を貼ったりしながら授業を進めていく。このような教具や教材が，子どもたちの学習にとってどのような役割を果たしているのかを理解しておくことで，効果的な教材利用ができる。

　二重符号化説（Ⅰ-12 参照）によると，言語情報と非言語情報の2つの情報を符号化することで，記憶が促進されるといえるが，どのような画像でも効果があるのだろうか。この問題を検討するために，北尾・岡本（1993）は，物語と同時に提示する画像の色彩要因（モノクロであるかカラーであるか）と，動きの要因（静止画であるか動画であるか）が，物語の記憶と理解に及ぼす影響について検討している。その結果，物語の逐語的な記憶においては，一貫してカラー画像の方が記憶成績が良かった。これに対して，書いてある内容から推論して答える推論的理解では，動画（今回は，ビデオ）のほうが成績が良かった。これらのことは，物語の聞き取りにおいて，同時に提示される画像の質によって記憶や理解を促進するかどうかが決まっていることを示している（図Ⅰ-17）。

　加えて，岡本（1995）は，物語の中で提示される音声情報，画像情報，音声＋画像情報の3つの情報が，時間とともにどのように変化するのかを調べている。それによると，音声情報は時間の経過とともに忘れられやすいが，画像情報は時間が経過しても記憶されていることを報告している。すなわち，どのような情報によって提示されたかによって，忘れやすさに違いがあるということである（図Ⅰ-18）。

　画像などを含んだマルチメディア教材が学習に有効であることは，多くの研究が実証してきた。しかしながら，ここで紹介した研究からは，情報の種類によって，どのような学習に効果的であるのかは異なっているということである。ここからは，マルチメディア教材であっても，学習目的に適した利用が必要であるということが指摘できる。

I-15 マルチメディア教材と学習

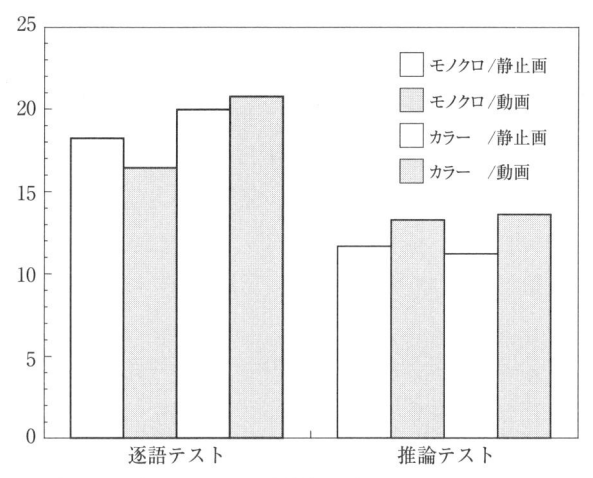

図 I-17 物語の理解における画像情報の違い（北尾・岡本，1993より作成）
▶逐語的な記憶を測る逐語テストでは，カラー画像のほうが成績が良く，推論的理解を測る推論テストでは，動画のほうが成績が良くなっており，どのような理解をめざすのかによって効果的な画像の質には違いがあるといえる。

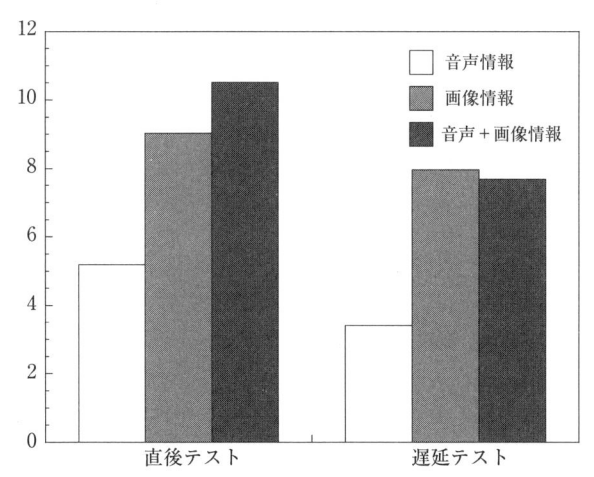

図 I-18 情報の提示ソースと記憶されやすさの関係（岡本，1995より作成）
▶画像によって提示された情報は，物語の提示直後には，音声と画像の両方で提示された情報よりも記憶されにくいが，1カ月後には，同じ程度に記憶されていることから，画像情報によって提示された情報は忘れにくいといえるだろう。

（岡本）

I 学習者の認知と情報処理

I-16　認知における個人差

　「十人十色」ということばは、言い換えれば「個人差」ということになるが、たとえば、背が高かったり低かったりというような身体的なものから、性格や好みなどの心理的なものに至るまで、種類でいえば、非常に多くの個人差がある。学習の場面では、見たり、聞いたり、書いたり、覚えたり、など、さまざまな認知活動が行われているが、この認知についても、もちろん、個人差は存在する。

　広い意味で言えば、ウェクスラー式や田中・ビネー式に代表される知能検査も、認知の個人差を測定する方法のひとつであるが、ここでは、「認知スタイル」について、取り上げてみたい。山崎（1994）によると、認知スタイルとは、情報処理過程においてみられるその対処の仕方に関する個人差にかかわるものであり、たとえば、「認知的熟慮性—衝動性」「場依存性—場独立性」「言語型—視覚型」など、これまでさまざまな認知スタイルが提案されている。この中で、「認知的熟慮性—衝動性」とは、ある判断をするときに、より多くの情報を収集したうえで、じっくり考えて慎重に結論を下すか、それとも、ある程度の情報で、早急に結論を下すかに関するものであり、表 I-5 に示すとおり、滝聞・坂本（1991）によってこれを測定するための尺度が作成されている。

　布施・山名（2006）は、この「認知的熟慮性—衝動性」という認知スタイルが、図表の読み取りにどのような影響をおよぼすかを検討している。その結果、図 I-19に示されたとおり、認知的熟慮性が強い「熟慮型」に比べ、認知的衝動性が強い「衝動型」のほうが、提示された図表の一部を読み取る傾向が強かった（図中の「まで／から」）。これとは対照的に、提示された図表の全体の情報を読み取ろうとする傾向は、衝動型に比べて、熟慮型のほうが強かった（図中の「全体」）。すなわち、これらの結果は、認知スタイルの違いによって、図表の読み取り方が異なることを示唆している。

　この研究以外にも、認知スタイルとさまざまなレベルの認知活動に関係性があることが多く示されており、学習活動において、考慮すべきひとつの側面であるといえる。

Ⅰ-16　認知における個人差

表Ⅰ-5　認知的熟慮性―衝動性尺度の質問項目 (滝聞・坂本, 1991より作成)

何でもよく考えてみないと気がすまないほうだ
何事も時間をじっくりかけて考えたいほうだ
深く物事を考えるほうだ
何かを決めるとき，時間をかけて慎重に考えるほうだ
全ての選択肢をよく検討しないと気がすまないほうだ
用心深いほうだ
実行する前に考えなおしてみることが多いほうだ
買物は，前もっていろいろ調べてからするほうだ
計画を立てるよりも早く実行したいほうだ（●）
よく考えずに行動してしまうことが多いほうだ（●）

＊注：文末に「●」印のあるものは，逆転項目

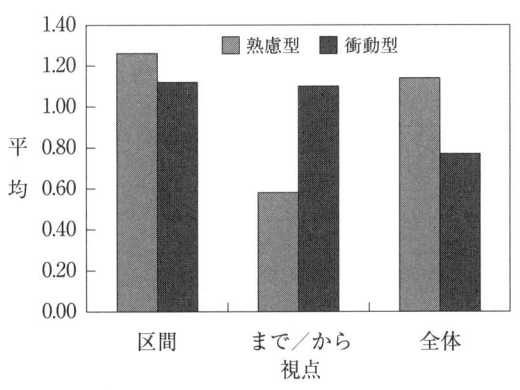

図Ⅰ-19　熟慮型と衝動型の読み取りの視点の違い (布施・山名, 2006より作成)
▶この図では，「認知的熟慮性―衝動性」という認知スタイルの違いによって，図表の読み取りの視点がどのように異なっていたかが示されている。「まで／から」という視点において，「熟慮型」よりも「衝動型」のほうが平均値が高くなっているが，これは，「衝動型」のほうが，提示された図表の一部を読み取る傾向が強かったことを示している。一方，「全体」の視点において，「熟慮型」のほうが平均値が高くなっており，これは，「熟慮型」のほうが，提示された図表の全体の情報を読み取ろうとする傾向が強かったことを示している。

(北神)

I-17　学習目標と暗黙の知能観

　学習活動においては，児童・生徒の学習課題への意欲が強く影響することは，どの教師でも実感するところであり，生徒の意欲を高めるための工夫の必要性を指摘する声は多い。一方で，児童・生徒がもともともっている自分の知的能力観によっても学習への意欲がかわってくるとする理論がある。

　ドゥエック（Dweck, 1986）は，子どもが自分の知能をどのようにとらえているのかという知能観には固定的知能観と増大的知能観の2種類があり，どちらの知能観をもっているかによって，学習活動における目標の立て方や学習活動への動機づけがかわってくるとしている。固定的知能観とは，知能は基本的に変わらない固定したものであるという信念である。一方，増大的知能観とは，知能は自分の努力によって変化させることができるので向上するものであるという信念である。

　上記のドゥエックによると，これらの知能観は，図I-20に示したように，それぞれ別の学習目標に結びついているとされる。すなわち，固定的知能観をもつ子どもは，教師や友達から肯定的な評価が得られ，否定的な評価を避けられる成績をとるということを目標として立てるために，自信が低い子どもの場合には，困難な学習を避けようとする。一方，増大的知能観をもつ子どもは，学習することによって知能が変わると考えているので，新しい課題や内容を学習することそのものを目標として立てるために，自信の高低にかかわらずさまざまな学習課題に意欲的に取り組むことができる。

　この理論から，教育実践への示唆を考えてみると，子どもたちが増大的知能観と学習目標をもてるような教室環境作りが必要であることがわかる。別の言い方をすると，すべての児童・生徒が，自分の努力によって自分の学力が向上することを実感でき，自分の学力に自信をもてるような手だてが求められている。そのためには，一人ひとりの学習の進歩や努力が認められるような評価や指導が有効であろう。これらの具体的な手だてについては，IV-6 に述べる。

Ⅰ-17　学習目標と暗黙の知能観

```
知能は固定的で変え      よい成績を取って，         自分の能力への自信が高い生
ることはできない    →   他人にほめられるこ    →    徒は，困難な学習にも意欲的
（固定的知能観）         とを目標とする              に取り組む
                        （成績目標）
                                              →   自分の能力への自信が低い生
                                                  徒は，困難な学習への挑戦を
                                                  避けようとする

知能は徐々に発達し      自分の能力や技能を         自分の能力への自信が高くて
ていくので，変える  →   向上させることを目    →    も，低くても，困難な学習に
ことができる            標とする                    も意欲的に取り組む
（増大的知能観）         （学習目標）
```

図Ⅰ-20　暗黙の知能観と学習への意欲（Feldman & Eliot, 1990より作成）

▶自分の知的能力について，どのような信念をもっているのかによって，学習の目標が違っており，それらの学習目標は実際の学習行動の違いとなって表れる。

```
   従来の教室環境                      めざすべき教室環境
                                  学習の過程を重視し，努力や進
 テスト成績に価値をおく      vs      歩に価値をおく
         ↓                                  ↓
 生徒を成績目標へと導く             生徒を増大的知能観と学習目標
                                       へと導く
```

図Ⅰ-21　教室環境と生徒の学習目標

▶教師が教室の中で，どのような事柄を重視しているかによって，児童・生徒がいだく学習目標も変わってくることから，教師のクラスづくりも生徒の学習への意欲の喚起にとっては，非常に重要な要因である。

（岡本）

I-18 自己効力感と原因帰属

バンデュラ（Bandura, 1977）は，私たちがある場面において，何かの行動を起こすことで何らかの結果がもたらされるであろうという期待のことを「結果期待」とよび，自分がその場面で適切な行動を行うことができるという確信を「効力期待」とよんだ。そして，この効力期待をいだいている時に生じる自信を「自己効力」とよんでいる。図Ⅰ-22に示したように自己効力がもてない状態では，行動そのものが生じないと考えられている。たとえば，算数の苦手な児童は，練習問題を解く勉強をすると良い成績がとれるとわかっていても，自分が練習問題を解くことができそうだという自信がもてないために，実際に，練習問題を解くという行動を実施に移せないのだと考えられる。このように自己効力をもてているかどうかは，学習活動において，当該の学習活動を行うかどうかに影響している。

一方で，成功や失敗の原因に対する認知である原因帰属によっても，行動への動機づけが異なるという原因帰属理論も，子どもの学習行動を理解するうえで欠かせない考えである。原因帰属理論では，ある結果が得られたとき，その結果を引き起こした原因が何であるのかの認知が，人によって，外的で統制不能な要因であったり，内的で統制可能な要因であったりするとしている。図Ⅰ-23に示したように，内的で統制可能な要因に原因帰属するようなスタイルをもっているほうが，次の行動への動機づけが高いと考えられている。

教師をしていると，いくら勉強の重要性を説いても，勉強に向かうことができない子どもたちへの指導の難しさを感じることも多い。このような子どもたちは，それまでの学習において何度も失敗を経験してきているために，自分は頑張っても勉強がうまくできないという感じをいだく学習性無力感の状態に陥っていると考えられる。このような子どもたちの指導においては，容易な課題を用いて成功を体験させながら自己効力をいだくような指導と，その成功が自分の努力によってもたらされたという内的で統制可能な帰属が行えるようにしていく指導を行っていくことが重要である。

Ⅰ-18 自己効力感と原因帰属

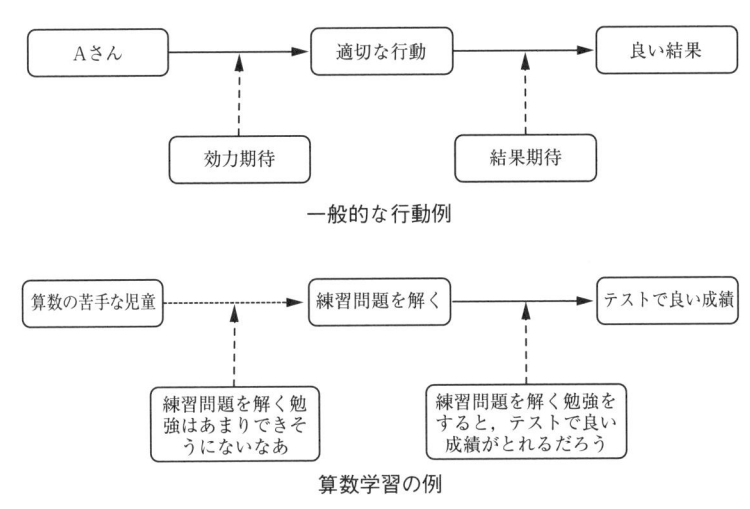

```
Aさん ───→ 適切な行動 ───→ 良い結果
           ↑                ↑
      効力期待           結果期待
```
一般的な行動例

```
算数の苦手な児童 ┄┄→ 練習問題を解く ───→ テストで良い成績
                  ↑                    ↑
        練習問題を解く勉      練習問題を解く勉強を
        強はあまりできそ      すると，テストで良い
        うにないなあ         成績がとれるだろう
```
算数学習の例

図Ⅰ-22　自己効力による動機づけのプロセス

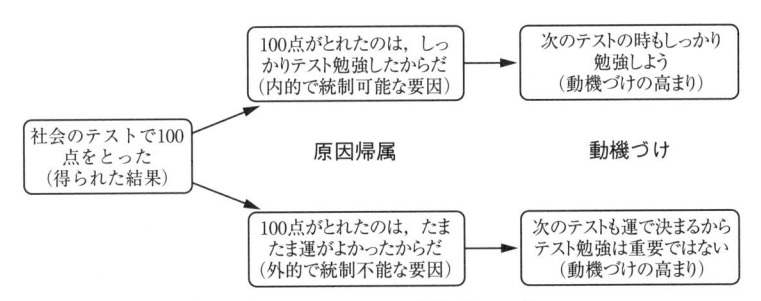

```
                    100点がとれたのは，しっ       次のテストの時もしっかり
                 ┌─ かりテスト勉強したからだ ──→ 勉強しよう
                 │  (内的で統制可能な要因)      (動機づけの高まり)
社会のテストで100    
点をとった      ─┤     原因帰属              動機づけ
(得られた結果)     
                 │  100点がとれたのは，たま     次のテストも運で決まるから
                 └─ たま運がよかったからだ ──→ テスト勉強は重要ではない
                    (外的で統制不能な要因)      (動機づけの高まり)
```
図Ⅰ-23　原因帰属による動機づけのプロセス

(岡本)

Ⅰ-19　学習目標と学習の動機づけ

　学習の目標がまったく設定されていないという事態は，おそらく現実的にはあり得ないことである。しかしながら，学習の目標があいまいとしていて，はっきりしなかったり，教える側にとって明確であっても，学ぶ側にとって明確でない，つまり，学習者が学習の目標をきちんと理解していないというような事態は，往々にしてある。学習の目標が，教える側にとっても，学ぶ側にとっても，明確であることはきわめて重要であり，このことは，学習活動を進めていくうえでの前提条件であるといっても過言ではない。

　ただし，注意しておかなければならない点のひとつは，学習の目標が同じであるからといって，なぜ学習をするのかという理由も同じであるとは限らない。このことは，Ⅰ-20 で述べるような「外発的動機づけと内発的動機づけ」という動機づけの区別によっても，明らかである。たとえば，英語などの外国語を学習するという学習目標をもっている場合，その動機が，英検やTOEICなどの資格試験のためであるならば，これは，外発的なものであるといえる。その一方で，語学自体に興味があり，好きだからということが英語を学習する動機であるならば，これは，内発的なものであるといえる。

　このように，学習の動機には，さまざまなものがあることが考えられるが，これを正しく理解するためには，外発的もしくは内発的という古典的な2分法だけでは，不十分である。そこで，ここでは，学習動機の理解を手助けしてくれる枠組みを紹介することにする。それは，図Ⅰ-24に示されている市川(1995)が提唱した学習動機の2要因モデルである。このモデルでは，「学習内容の重要性」と「学習の功利性」という2つの次元で，学習動機をとらえようとするものである。それぞれの次元で，それを重視するかどうかによって，学習の動機は，「充実志向」「訓練志向」「実用志向」「関係志向」「自尊志向」「報酬志向」の6つに分類される。

　以上のように，学習の目標を明確にすることは最低限必要なこととして，学習者の学習動機を正しく把握し，学習目標と学習動機にそぐうような学習指導を行うことが重要である。

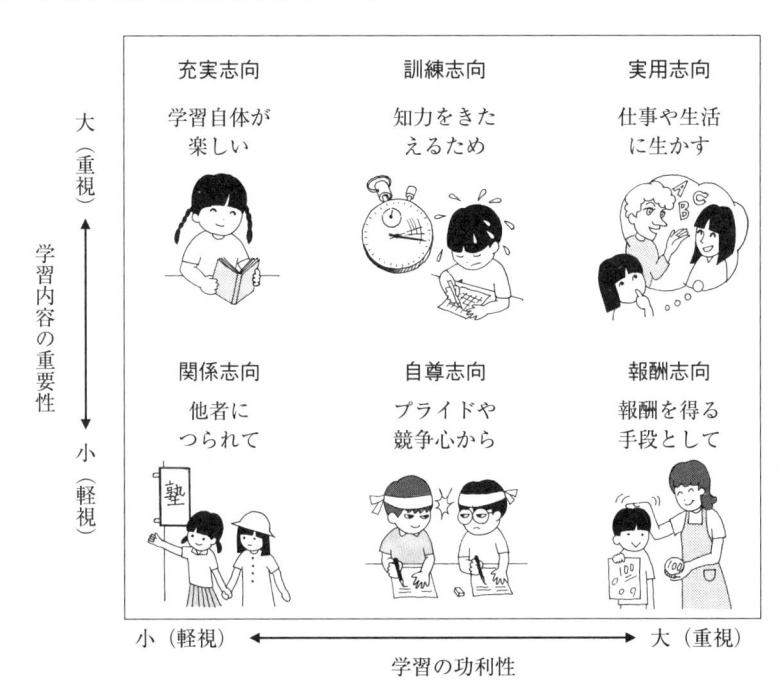

I-19 学習目標と学習の動機づけ

	小（軽視）　←　学習の功利性　→　大（重視）
大（重視）	充実志向：学習自体が楽しい ／ 訓練志向：知力をきたえるため ／ 実用志向：仕事や生活に生かす
小（軽視）	関係志向：他者につられて ／ 自尊志向：プライドや競争心から ／ 報酬志向：報酬を得る手段として

（縦軸：学習内容の重要性）

＊横の次元は，学習による直接的な報酬をどの程度期待しているかを表す。縦の次元は，学習の内容そのものを重視しているかどうかを表す。

図Ⅰ-24　学習動機の2要因モデル（市川，1995より作成）

▶このモデルは，学習動機を，「学習内容の重要性」と「学習の功利性」という2つの次元でとらえようとしたものである。図に示されているとおり，2つの次元それぞれにおいて，どの程度重要性が高いか，あるいは，低いかによって，学習の志向が6つに分類されている。

（北神）

I　学習者の認知と情報処理

I-20　外発的動機づけと内発的動機づけ

　学習者がどんなに優れた学習スキルをもっていたとしても，また，学習教材がどんなにすばらしいものであったとしても，学習する側に「やる気」がなければ，成果が得られるどころの話ではない。この「やる気」は，心理学の中では，「動機づけ」とよばれ，数多くの研究が進められてきた。
　「動機づけ」は，大きく分けて「外発的動機づけ」と「内発的動機づけ」の2種類に分類することができる。学習場面における外発的動機づけとは，学習とは別の目標を達成するための手段として学習行動をとるようなはたらきかけである。代表的なものは外的な報酬や罰であり，「何かを買ってもらえるから」や「しかられるのが嫌だから」といった理由で勉強をしたような場合は，外発的動機づけがはたらいたととらえることができる。一方，内発的動機づけとは，学習そのものが目標であり，自らが進んで学習行動をとるようなはたらきかけである。たとえば，「知らないから，もっと知りたい」といった知的好奇心からくる欲求によって勉強する場合が，内発的動機づけによる学習といえる。一般的に学習場面においては，外発的動機づけよりも内発的動機づけのほうが，学習が長続きし深い理解へとつながるため，より望ましいとされている。
　このような外発的動機づけと内発的動機づけの単純な比較という視点ではなく，両者の関係性について，興味深い現象がある。それは，外発的動機づけと考えられる金銭などの外的な報酬の提供が，内発的動機づけを低下させるという「アンダーマイニング現象」とよばれるものである（鹿毛，1995）。その典型的な実験として，ディシ（Deci, 1971）の研究が挙げられる。この実験では，実験参加者は，3セッションにわたってパズル課題を行い，2つめのセッションにおいて実験群のみ，「制限時間内にできれば，1課題ごとに1ドルの報酬が与えられる」と言われた。すると，図I-25に示したように，結果として実験群では，動機づけの高さを表す数値が，第1セッションに比べて，第3セッションで減少していることが示されている。
　つまり，一般的に有効であるとされる内発的動機づけによる学習でも，決して万能ではない，という点には注意が必要である。

I-20　外発的動機づけと内発的動機づけ

▶動機づけは,「外発的動機づけ」と「内発的動機づけ」の2種類に大別される。図に示されているとおり,前者は,外的な報酬や罰などに基づく動機づけである。これに対して後者は,知的好奇心からくる欲求などに基づく動機づけである。

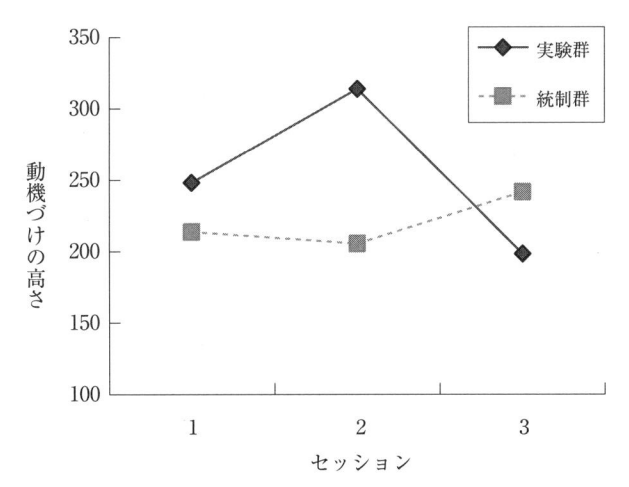

図I-25　ディシ（Deci, 1971）の実験1の結果

▶この実験では,実験参加者は,3セッションにわたって,パズル課題を行った。2つめのセッションにおいて,実験群のみ,「制限時間内にできれば,1課題ごとに1ドルの報酬が与えられる」と言われた。すると,実験群では,動機づけの高さを表す数値が,第1セッションに比べて,第3セッションで減少していることが示されている。つまり,この結果は,外発的動機づけと考えられる金銭という外的な報酬が与えられると,内発的動機づけが低下してしまうという「アンダーマイニング現象」を表すものである。

（北神）

I 学習者の認知と情報処理

I-21　学習の転移と学習者の構え

　転移（transfer）とは,「先行の学習が後続の学習に影響を及ぼすこと」とされている。たとえば,英語をすでに学習しているとドイツ語の学習が容易になる（正の転移）,あるいは,中学時代に軟式テニスをしていたために,高校で硬式テニスの打ち方を習得するのが困難になる（負の転移）などは,いずれも転移とよばれる現象である。

　転移の研究は非常に古く,1906年には,ソーンダイクがすでに論文を発表している。私たちは,生後すぐから,さまざまな事柄を学習しながら成長しており,小学校に入学する頃には,さまざまな知識や技能,概念などを獲得している。このように考えてみれば,学校で新しく学ぶ事柄に,その児童・生徒がすでに学習してきた事柄がなんらかの影響をおよぼすと考えるのは当然の事ともいえる。ここでは,ルーチンス（Luchins, 1942）の実験を紹介して,学習者の構えと転移との関係について説明する。

　表I-6に示したような問題を生徒に連続して解くように求めると,7問目で本当は,簡単な解き方（A-C）があるにもかかわらず,6問目までに学習した難しい解き方（A+2B-C）を用いることが知られている。この研究は,学習者に同じような形式の問題を与えて,解く練習をすると,その解き方を学習し,それを他の問題にも転移できることを意味しているであろう。しかし,一方では,学習してしまった学習の構えを適用してしまったがために,効率的ではない解き方を採用してしまったとも考えることができる。

　足し算や引き算,九九など,いつも決まった解き方や方法を学習させたいような場合には,ルーチンスが行ったように同じような解き方の問題を反復させて練習するという課題は非常に有効であろう。これは,100マス計算（II-11参照）が多くの学校で利用されていることからもわかる。しかしながら,一方では,学校で固定した解き方だけを教えてしまうと,その問題以外では問題解決に失敗するということもある（図I-26）。このように考えてみれば,もう少し柔軟性があり,多く課題に正の転移をもたらすような学習ということを考えてみる必要があるだろう（I-23参照）。

I-21 学習の転移と学習者の構え

表I-6 ルーチンスらの実験結果
(Luchins, 1942より作成)

	解答	被験者の反応
1問目	A + 2 B − C	A + 2 B − C
2問目	A + 2 B − C	A + 2 B − C
3問目	A + 2 B − C	A + 2 B − C
4問目	A + 2 B − C	A + 2 B − C
5問目	A + 2 B − C	A + 2 B − C
6問目	A + 2 B − C	A + 2 B − C
7問目	A − C	A + 2 B − C
8問目	A − C	A + 2 B − C

▶この結果は，学習者は6問目までに，問題の固定した解き方（学習の構え：learning set）を学習しており，その解き方を7問目以降にも用いるのだと解釈されている。

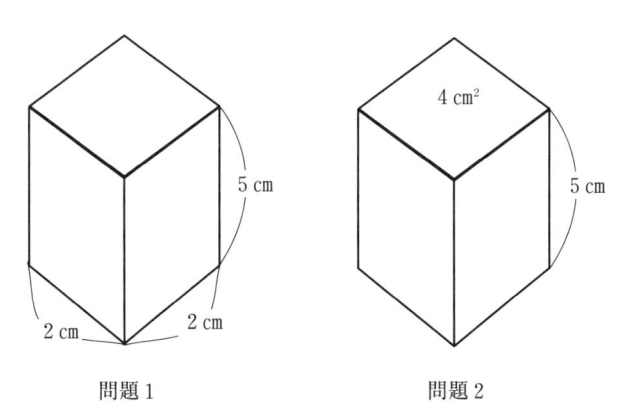

図I-26 直方体の体積問題

▶直方体の体積を求めるのに，たて×よこ×高さの公式だけの問題を何度も繰り返し練習していると，問題2のような問題では解けないという子どもをよく見かけるが，これは，たて×よこ×高さで求めるということが構えとして成立してしまっており，たて×よこ×高さが何を意味しているのかを理解できていないために起こる。

(岡本)

Ⅰ 学習者の認知と情報処理

Ⅰ-22　メタ認知

Ⅱ-23 において，メタ認知によって一般的方略や領域固有知識が有機的に結びつくことで，確かな学力が形成されることを述べる。本項では，メタ認知とは何かということについて詳しく説明する。

メタ認知とは，「メタ認知知識とよばれる人の認知活動に関する知識とメタ認知制御とよばれる認知活動を統制する過程のことをさしており，このメタ認知知識とメタ認知制御が相互に関連しあいながら認知活動を統制する過程である」と定義される（岡本，1999）。これを図示してみると，図Ⅰ-27のようになる。すなわち，メタ認知は，読みや問題解決，作文などの学習活動を，メタ認知制御とよばれる認知活動を監視する部分と，メタ認知知識とよばれる認知をコントロールするための知識の部分とが相互にやりとりしながら，学習活動がうまくいくようにするはたらきである。読みや問題解決をうまく行うことができるかどうかの重要な要因の1つがメタ認知であるとされている。

たとえば，テキストを読んでいて，"この段落の内容がわかりにくいな"と気づくのがメタ認知制御のはたらきで，このような気づきがあると，"文章がわかりにくいときには読み直せばよい"というメタ認知知識に基づいて，自分自身に"もう一度前に戻って読み直そう"というコントロールを行うのだと考えられている。

岡本（1992a）は，小学生に文章題を解かせて，解決中のメタ認知を調べており，成績の低い子どもたちは，「何もしていない」とか「なんとなく（解いている）」という反応をすることが多く，自分の問題解決活動に意識的に気づいて制御していないのに対して，成績の高い子どもでは，「1回計算して，もう1回計算する」や「"走りました"というところがわかっているところで，"なりますか"という疑問詞のところが求めなければならないところ」などのような反応を示し，自分の問題解決活動がうまくいっているかどうかを確認したり，問題文の構造に着目しながら読み進めていこうとするようなメタ認知制御がみられた，と報告している。

まとめると，メタ認知は，自分自身の学習活動や認知活動に意識的に気づく力であるということができる。

I-22 メタ認知

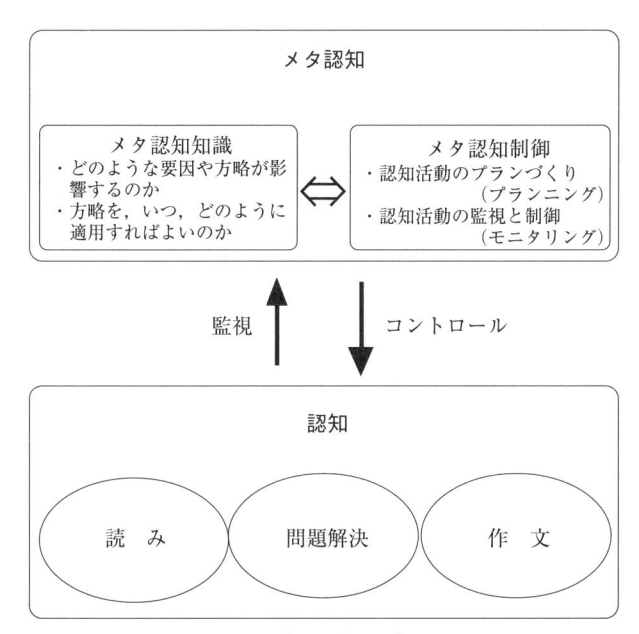

```
┌─────────────────────────────────────────────────┐
│                    メタ認知                       │
│  ┌──────────────────┐    ┌──────────────────┐   │
│  │   メタ認知知識    │    │   メタ認知制御    │   │
│  │・どのような要因や方略が│⇔│・認知活動のプランづくり│   │
│  │  影響するのか     │    │      (プランニング)│   │
│  │・方略を，いつ，どのように│    │・認知活動の監視と制御│   │
│  │  適用すればよいのか │    │    (モニタリング) │   │
│  └──────────────────┘    └──────────────────┘   │
└─────────────────────────────────────────────────┘
        監視 ↑        ↓ コントロール
┌─────────────────────────────────────────────────┐
│                     認知                         │
│   ( 読み )    ( 問題解決 )    ( 作 文 )          │
└─────────────────────────────────────────────────┘
```

図 I-27　メタ認知のプロセス

▶メタ認知は，認知の上位にあって，認知を監視して，コントロールするという心のはたらきである。

表 I-7　メタ認知による学習活動の違い

メタ認知のある子ども	メタ認知のない子ども
・問題を解いていて，自分が間違った解き方をしていることに気づく子ども ・自分の得意なことに気づいている子ども	・間違っていることに気づかないで，解けたという子ども

(岡本)

I-23　適応的熟達化と転移

　波多野・稲垣（1983）や Hatano & Inagaki（1986）は，熟達化には，固定的熟達化（routine expertise）と適応的熟達化（adaptive expertise）という異なった2つのタイプがあるとしている（図I-28）。

　適応的熟達化とは，手続き（方略）を効果的に実行することができ，加えて，その手続きの意味を理解しており，新しい状況にもその手続きを修正して適応できるようになることである。これに対し，固定的熟達化は，決まった課題において手続きを正確に素早く実行できるようになることである。波多野・稲垣（1983）よれば，そろばんの練習をすることは暗算手続きの実行を向上させるかもしれないが，"上の桁から借りる"という手続きの意味の理解につながるというわけではないとして，技能に習熟することと，その技能の意味を理解することは別問題であることを指摘している。

　国際学力比較や学力調査から指摘される日本の子ども学力の問題点としてよく挙げられるのが，漢字や計算などの知識や技能面では十分なレベルにあるが，それらを応用するような能力に欠けるということである。このような子どもの学力状態とは，まさに固定的熟達化が起こった状態であるといえるであろう。言い換えると，教えられた計算技能を速く正確に実行することはできるが，その計算技能の意味を十分に理解していないために，その技能を他の課題に応用することができないのである。

　図I-29に示したように，学校では，技能の習熟をめざすばかりに，ドリル教材や学習プリントなどを使って，教科書に載っている解き方や教師が教えた解き方を素早く正確に実行できるようにするといった固定的熟達化を導くような指導ばかりを行ってきたという側面がある。しかしながら，波多野・稲垣（1983）がいうような適応的熟達化を子どもたちに引き起こすためには，教科書で学習した技能や知識は，いつ，なぜ，どのように役立つのかといったことについても理解できるような学習活動を取り入れることが必要であろう。そして，それこそが文部科学省のいう生きる力につながっていくといえよう。

Ⅰ-23　適応的熟達化と転移

固定的熟達化		適応的熟達化
特定の決まった課題において，手続きを正確に素早く実行できるような熟達化 例：決まったレシピ通りに寿司をつくることに優れた寿司職人	vs	手続きの意味を理解し，新しい課題にも学習した手続きを適応できるような熟達化 例：独創的な創作寿司をつくる寿司職人

図Ⅰ-28　2つのタイプの熟達化（Hatano & Inagaki, 1986より作成）

（内側の円）学校学習の中だけでの固定的熟達化
（外側の円）日常場面にも学校学習を適応させるための適応的熟達化

図Ⅰ-29　学校学習と適応的熟達化

（岡本）

Ⅰ-24　知的な初心者としての子ども

　認知心理学では，初心者—熟達者（novice-expert）研究とよばれる，初心者と熟達者の違いを調べる研究が盛んになされてきた。これらの研究によれば，初心者と熟達者の違いは，領域固有の知識にあり，そもそも初心者は領域固有の知識が欠如しているので，熟達者になるのは容易なことではないと考えられてきた。これを学習の場面に当てはめて考えてみると，児童や生徒は，基本的に初心者であり，学習する内容に関する領域固有知識はもっていないと考えられる。したがって，教師は，当該の学習内容に関する知識を教えるという活動を中心に教授活動が組み立てられる。

　ところが，最近の研究によれば，知的な初心者（intelligent novice）とよばれる通常の初心者よりも効果的に新しい領域について学習する初心者が存在することが示唆されてきた。言い換えると，知的な初心者とは，普通の初心者よりも素早く熟達者になることができる初心者なのである。この知的な初心者と普通の初心者の間の大きな違いは，メタ認知技能にあると考えられている。

　たとえば，ブランスフォードら（Bransford, et al., 1982）は，効率的な学習者（知的な初心者）と非効率的な学習者（普通の初心者）を比較して，非効率的な学習者は学習課題の困難さに気づいていないし，課題によって異なる方略を用いるということもしないとしている。このような自分自身の理解の程度を正確に判断し，それによって用いる方略を変えるという能力はメタ認知（Ⅰ-22）であり，このメタ認知における差が効率的に課題を学習できるかどうかにかかわっている。すなわち知的な初心者は，新しい課題を学習する際に，さまざまなメタ認知技能を用いて自分の理解の程度をチェックし，そして自分に欠けている知識や技能を探し，それを獲得しようとするのだと考えられている（図Ⅰ-30，表Ⅰ-8）。そして，それこそが新しい課題の効率的な学習を導くのである。

　これらからいえることは，児童・生徒を知的な初心者に育てることができれば，文部科学省が示すような「生きる力をもった自ら学ぶ子ども」となるということである。

I-24 知的な初心者としての子ども

```
┌─────────────────┐              ┌──────────────────────┐
│    初心者        │              │      熟達者           │
│                 │     vs       │ ある特定の領域の専門的  │
│ 初めてその課題を  │              │ 知識や技能に優れており，│
│ 学習する者       │              │ その領域の問題について │
│                 │              │ 効率よく考えることが   │
│                 │              │ できる者              │
└─────────────────┘              └──────────────────────┘
          ↖           ↗
           ↘         ↙
        ┌─────────────────┐
        │   知的な初心者    │
        │ 普通の初心者よりも，│
        │ 新しい課題を効果的 │
        │ に学習できる初心者。│
        │ 普通の初心者との違 │
        │ いは，メタ認知にある。│
        └─────────────────┘
```

図 I-30　初心者―知的な初心者―熟達者の違い

表 I-8　初心者―知的な初心者―熟達者の違い

	領域固有知識	メタ認知
初心者	×	×
知的な初心者	×	○
熟達者	○	○

▶知的な初心者は，新しい学習課題に取り組むときに，記憶のための学習の仕方と理解のための学習の仕方の違いに気づいており，それらを適宜使用することができるし，自分がどこでつまずいているのかについてもよく気づいている。これらは，すべてメタ認知（I-22参照）とよばれるプロセスである。

(岡本)

Ⅱ 学習者の認知を考えた教育の方法

1. ルールを先に教える教授法……*52*
2. 経験を重視する教授法……*54*
3. 文脈を取り入れた学習：スクリプトの活用……*56*
4. イメージを膨らませる教授法……*58*
5. コミュニケーション能力を育てる教授法……*60*
6. 身体の動きを活用した教授法……*62*
7. ロールプレイを取り入れた教授法……*64*
8. 異文化理解の教育……*66*
9. 記憶術のしくみを利用した教授法……*68*
10. 知識・技能を獲得させる教授法……*70*
11. 連合学習と100マス計算……*72*
12. 知識の構造化を促すための教授法……*74*
13. 意図的な学習では身につかない能力……*76*
14. 認知発達に応じた教授法……*78*
15. 適性に応じた教授法と適性を育てる教授法（ATI）……*80*
16. 基礎学力を育てる教授法―TTによる少人数指導……*82*
17. 習熟度別学習―個人差に応じた指導と評価①……*84*
18. 課題選択学習―個人差に応じた指導と評価②……*86*
19. 教科の学習と総合的な学習……*88*
20. 数学を発展させた総合的な学習……*90*
21. 考える力を育てる授業の実際……*92*
22. 転移可能な学力……*94*
23. 生きる力と学力の構成要素……*96*
24. 小学校におけるメタ認知を育てる指導……*98*

Ⅱ　学習者の認知を考えた教育の方法

Ⅱ-1　ルールを先に教える教授法

　知識とよばれるものの多くは，何らかの原理や原則がわかっていると学習しやすいものが少なくない。そして，それらの原理や原則があると頭の中が整理されることがよくある。たとえば，英語の表現で「今まさに何々しているところである」という表現は，現在進行形とよばれ，それは，「be動詞」+「動詞の原型」+「-ing」という形式で示されるというのは，英文法のひとつのルールである。さて，このようなルールは，学習する際に，そのはじめの段階で教えたほうがよいのであろうか，それとも，そのルールがあてはまる実際の例を学習者に経験させてから，かなり後の段階で教えたほうがよいのであろうか？

　たとえば，伝統的な英語教育で用いられてきた文法訳読法などは，このようなルールを早い段階で教えようとする教授法である。しかし，そのような教授法では，コミュニケーション能力が身につかないことなどが，ずいぶん前から指摘されている。とりわけ，年少の子どもを対象にした教育現場では，ルールを先に教えるような演繹的な教授法はおそらく適さない。したがって，多くの文例を具体的に経験することによって，そこから，自然にルールを学ぶような帰納的な教授法が採用されることになる。

　しかし，大学で語学を教える場合は，おそらく，ある程度早い段階で文法事項は意識的に教授されることになる。そのほうが，効率がよく学習者の疑問や要求にも合うものと多くの教師は考えている。ところが，ネイティブ・スピーカーであっても，これらのルールを意識的に説明することは案外むずかしい。つまり，そのルールを間違えずにことばを使用できるにもかかわらず，一般的なルールを意識的に把握していることは珍しいともいえる。それでも，その内容は学習できている。

　算数でも，公式や定理を教えてから，それらに関する問題を解く練習を後にする方法は，同様に演繹的な教育方法だといえる。たとえば，三角形の面積を求める公式を学習してから個々の具体的な三角形の面積を求める問題を解く，あるいは，通分のルールを学習してからその練習問題を解くという方法などがこれにあたる。しかし，ルールは基本的には抽象的であるために，そのルールを説明するためには，やはりそのルールのあてはまる具体例をルールの説明の際に使用しないと多くの学習者は理解できない。いずれにしても，学習の早い段階でかなりの数の例が示されないと，ルールを理解することは難しい。

原理・原則（ルール）を説明するときの具体例

I am studying.
He is playing baseball.
They were talking.

↓

原理・原則（ルール）の学習

現在進行形：「be 動詞」+「動詞の原型」+「－ing」

↑ ↓

ルールにあてはまる事例への応用

Nobody was talking there that afternoon.
Nobody was making a sound there in the garden.
Only a bird was singing.
I was listening to the bird.
You were smiling beside me.
We had been talking about our taste.
We were enjoying ourselves peacefully together.

（井上）

II-2　経験を重視する教授法

　英語教育の領域では，文法や単語の意味をまず学習してから，実際の英文を読んで訳すという文法訳読法という伝統的な教授法がある。この教授法は「ルールを先に教える教授法」に該当する。これとは対照的に，コミュニカティブ・アプローチとよばれるコミュニケーション能力を重視した教授法では，最初から文法や単語の意味などを機械的に教えることはない。そうではなく，比較的自然なやり取りを授業の中でも尊重し，実際のコミュニケーション活動に近いことばの使用をとおして，英語の知識を教えようとする。

　すなわち，コミュニケーション育成のための教授法では，原理・原則をもとに具体的な個別例を学習するのではなく，数多くの経験から帰納的に何らかの原理・原則を身につけさせようとする。この方法は，論理的には効率が悪い。その理由のひとつは，右の例に示すとおり，原理・原則を学習するための元になるデータは，自然なやり取りの中では，集中的に生起する可能性が少なく，無関連の事象の中にちりばめられていることが多いからである。そのようなノイズの多い刺激の中から，関連のある事象のみを抽出して，そこに潜むルールを発見することは時間のかかる作業だと考えられる。

　しかし，経験的には，学習場面で意図的に学習した内容より，日常の生活場面で偶発的に身につけた内容のほうが，実際のコミュニケーション場面などでは役立つことが多いと考えられる。教室内の語学学習ではうまくいかないことが，外国でのホームステイによって，効果的に学習されることなどは，経験的にもよく知られた事実である。語学が目標なら語学学校でと考えるのは短絡的であり，一見合理的に思える方法が，実際にはうまくいかないケースはいくらでも存在する。

　一見，効率のよいように思われる原理・原則を先に教える教授法よりも，それらのルールを学習者に意識的に学習させるのではなく，数多い経験を通して自然に学ばせるほうが，結果的には効果的な場合は少なくない。

　とりわけ，状況に合わせて柔軟に対応しなければならないようなときに必要とされる技能などは，単にルールを教え込んでも必要な場面で応用が利かないことになりかねない。

原理・原則（ルール）を導く経験

A: Emily, you can go now.
B: Can I stay here till my father comes?
A: Oh, is your father coming to pick you up?
B: Yeah. I asked him to come on the phone.
A: I want to see him too.
B: Have you ever met him before?
A: Yeah. We had an open school last week.
B: Oh yes. My parents came.
C: Emily, can I come over to your house today?
B: Sure. My father is coming soon.
C: Good! I've got a new book.
B: Oh, how nice!
A: Can I have a look at it?
C: It's about wild animals.

↑　　↓

原理・原則（ルール）の学習
疑問文における一形式：助動詞を主語の前に倒置する

（井上）

II-3　文脈を取り入れた学習：スクリプトの活用

　英語の文法や単語の意味がわかっていても，実際のコミュニケーション場面で英語の知識が役立たないという経験は珍しいことではない。海外旅行ですぐに役立つ英語は，多くの人にとって必要とされている技能だといえる。たとえば，税関で尋ねられたことに答える，ホテルでチェックインする，ショッピングで店員とやり取りをするなど，多くの人たちが海外で体験すると予想される状況や場面があれば，あらかじめ予想される会話を練習しておくと便利である。

　右のレストランを予約する場面などでは，もちろん，予約する時間や人数，名前や電話番号などは，必要に応じて言い換えなければ適切な予約はできない。しかし，予約したいことを伝える表現や，宿泊しているホテル名を告げる表現などは，単語単位ではなく，フレーズを覚えておくと，電話でのやり取りが楽になる。

　そして何よりも，予約をする電話の会話で，このようなことを尋ねられる可能性が高いとか，このような情報を伝える必要があるということを，前もって知っておくと，相手の発話の聞き取りがよくなり，会話がスムーズなることが予想される。これらは，単に語学の技能というよりは，社会的文化的な知識とでもよぶべき事柄にほかならない。そのような知識が言語理解や発話の生成を助けることになる。たとえば，右頁の例では，電話番号を尋ねられた旅行者が，レストランの予約係に，自分が滞在しているホテル名やその部屋番号を告げているが，なぜレストランの人が電話番号を尋ねる必要があるのかということを考えれば，そのやり取りは納得できる。

　同様に，税関では滞在日数とともに宿泊施設の名まえが尋ねられることがあるし，ホテルのチェックインの場面では，自宅の住所や電話番号の記入が求められることもある。このような場面では，このようなことが生じるはずであるという出来事の予想は，実際のコミュニケーションにとっては，欠かすことのできない情報だともいえる。認知心理学の領域では，そのような各場面での人間の行動についての一連のパターンからなる一般的な知識をスクリプトとよんでいる（Schank & Abelson, 1977）。

特定の状況や場面を想定した学習

A: Restaurant New Hanoi. Can I help you?
B: Yes. I'd like to make a reservation for four people this evening.
A: OK. What time would you like?
B: At 6 : 30 if possible.
A: No problem. Smoking or non-smoking?
B: Non-smoking, please.
A: Fine. May I have your name, please?
B: Kato, K-A-T-O.
A: Your phone number?
B: I am a tourist. We are staying at Hotel Pacific. Room number is 708.
A: Excellent, Ms Kato, four people at 6 : 30 this evening. Thank you for calling.

（視覚シンボルの提供は，日本 PIC 研究会）

（井上）

II-4　イメージを膨らませる教授法

　最近の小学生が使用する教科書はイラストや写真が多用されている。ここ10年の間に大きく様変わりしたといってよい。教科の種類にかかわらず，文字ばかりの説明ではなく，視覚イメージ情報を使用することで，具体的なイメージを学習者がもつことができ，よりよく理解できる可能性は高くなる。しかし，写真やイラストは，ある特定の具体的な事物をある角度からとらえたひとつの画像を提供するだけで，そのものの全体像を常にうまく伝えるとはかぎらない。

　それに対して，実物や模型は，さまざまな角度から見え，触覚や嗅覚など視覚情報以外の情報を伝えることも可能である。したがって，学習内容によっては，写真やイラストだけに頼って，ひとつの固定的なイメージを得るのではなく，実際の事物や復元物に触れることによって，複数の感覚を用いて学習することが望ましい場合があると考えられる。

　そのような体験を積むことによって，文章を読んだだけでも，具体的なイメージを喚起することが可能になる。また教師の説明からも自分でイメージを膨らませることが可能になる。

　図II-1に紹介する幼児を対象にした記憶実験では，物事を記憶するときに，自らがイメージを膨らませることが，非常に重要であることが示されている。実験で明らかにされたことは，物事をよく覚えてもらおうと思ったときに，「覚えてください」というのではなく，それぞれの単語が示す指示対象について，なんらかのイメージを喚起させるように仕向けることが，記憶の成績向上には非常に効果的であるという結果である。

　単に新規な写真やイラストなどの視覚イメージ情報を見せるだけでなく，学習者が自分のものとして知識構造のなかにもっている事物についての記憶を想起させ，それをもとにイメージを膨らませる行為が学習に役立つことを示唆した研究だといえる。とりわけ年少の子どもたちでは，記憶するための有効な方略を自分で発見することが難しいために，「覚えてね」と教示されるよりも，具体的なイメージの喚起を必要とする課題を行うことが，その後の記憶成績を高めたものと解釈できる。

II-4　イメージを膨らませる教授法

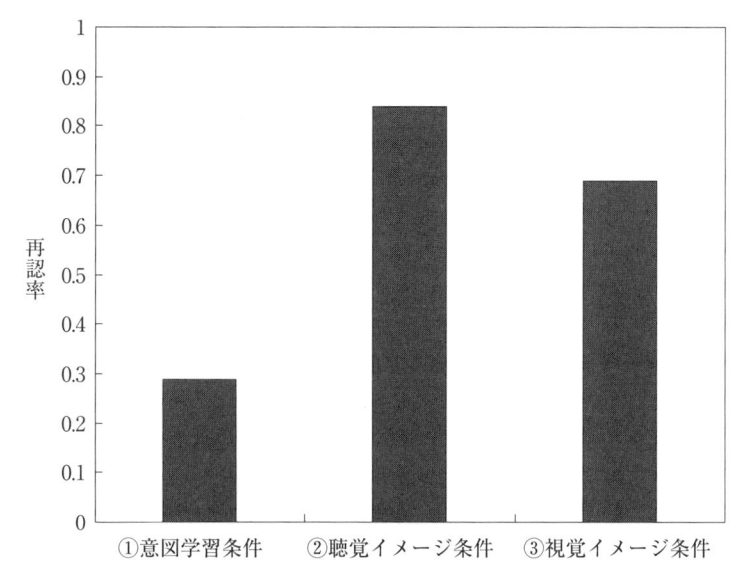

図II-1　幼児を対象にした記憶実験の結果 (Inoue, 1991より作成)

▶幼児に求められた課題は,「ヤギ」や「ニワトリ」,「救急車」などの10個のことばを聞き,後でそれらのことばを想起すること。実験に参加した幼児は,以下の3条件において,①「あとで同じことば言ってもらうから覚えてね」②「どんな音や鳴き声がするか教えてちょうだい」③「どのくらいの大きさか手で示してちょうだい」という教示がなされた。条件①の意図記憶の成績よりも,イメージを喚起させられた②と③の偶発記憶の成績が,このような幼児の記憶課題ではよいことが実証的に示された。

(井上)

II-5 コミュニケーション能力を育てる教授法

　コミュニケーション能力の育成は，さまざまな領域でその必要性が指摘されている。そもそも，コミュニケーション能力とはどのようなものをさすのかについては，その定義が多くの研究者で一致しているわけではない。狭義には，対面での音声言語を用いたコミュニケーションの技能をさすことがあるが，広義には，顔の表情やジェスチャー，身体接触などを含むノンバーバル・コミュニケーション，さらに相手の気持ちの読み取りや，大勢の人を相手に情報を伝えるような能力をも含む場合がある。

　いずれにしても，なんらかの伝達手段を用いて相手になんらかの情報をもたらすのがコミュニケーションの主要な要素であり，上手なコミュニケーションとは，こちらが意図していることが相手によく伝わり，相手がどのように理解したかについても，ある程度，認識できていることが重要である。そのためには，相手からのメッセージやフィードバックをうまく受け止める必要がある。このようにコミュニケーション能力とは，一般的には，刻々と変化する社会的文化的な背景のなかで，人間と人間の情報のやり取りを伴った相互作用を適切に処理する技能と考えられる。

　さて，それではコミュニケーション能力を育てる教授法とは，どのような特徴をもっているのであろうか。真のコミュニケーション能力を育てるためには，それぞれの典型的な場面での行動パターンとして，型にはまった行動を機械的にリハーサルして，あらかじめ学習しておくだけでは不十分である。そうではなく，相手の反応をモニターしながら，臨機応変にこちらの発話内容や，話し方を調整しながらコミュニケーションできるような練習内容を含んでいないといけないことになる。そのためには，その時々に状況が変化するような教材を活用した学習が不可欠になる。

　語学学習においても，答えのわかりきったいわゆるテスト的質問（test questions）などの使用を避け，学習者にとって実際にコミュニケーションの必要性を感じ取れる学習場面を提供したり，可変的な状況を要素に組み入れたシミュレーションを活用したりすることが求められることになる。

II-5　コミュニケーション能力を育てる教授法

表II-1　井上（2006）によるコミュニケーション能力に関する質問紙項目

I　話し手の意図理解に関するチェック項目
I-1　相手の言うことは，多くの場合，正しく理解できている
I-2　相手の話を的確に理解する
I-3　結局，相手が何が言いたいのか，わからないことが多い（逆転項目）

II　伝達する際の意欲に関するチェック項目
II-1　相手を退屈させていることが多い（逆転項目）
II-2　ユーモアのセンスがあるほうだ
II-3　話題が乏しい（逆転項目）

III　発話の影響への配慮に関するチェック項目
III-1　話をするとき，相手の気持ちをひきつけようとする
III-2　自分の発言が相手にどのような影響を与えているのかが気になる
III-3　複数の相手がいるとき，みんなに愛想よく接するようにする

IV　聞き手の気持ちの配慮に関するチェック項目
VI-1　まわりの人たちが受け入れやすい発言を心がけている
VI-2　わざと相手を怒らせることがある（逆転項目）

V　表現の調整に関するにチェック項目
V-1　同じことを伝えるときでも，相手によって言い方を変えている
V-2　親しさの程度に合わせて，表現の丁寧さを変化させている

■**コミュニケーション能力を重視した外国語教育の指導方針のポイント**
1．コミュニケーション能力全体の育成を学習目標に
2．学習者にとって意味ある目的をもった言語活動を
3．言語の流暢性と正確さの両方を育成
4．言語形式よりも言語内容（意味機能）を重視した指導

（井上）

Ⅱ　学習者の認知を考えた教育の方法

Ⅱ-6　身体の動きを活用した教授法

　新出漢字やその筆順を学習するときに，ノートに何度もその漢字を書いてみるという学習方法がある。ノートに書かなくても，空書(くうしょ)することである程度，文字の書き方などを記憶にとどめることも可能である。このような学習方法では，単に視覚情報として漢字に注意を向けるのではなく，自らの手を動かして，書くという動作を実際に行うことが，ある種の学習にとって有効であることを物語っている。

　第2言語教授法でも，全身応答法（Total Physical Response）とよばれる運動感覚を用いた効果的な学習方法が存在する。学習者は，指導者が出す指示に身体を使って反応し，その行為を表現する。少なくとも初期の段階では，音声で応答することが求められたり，発話を強要されたりはしない。

　同様の行為を実演する課題が記憶研究でも用いられ，自らが実演することで，後でその行為に関する記憶がよりよく想起されることを示す研究が最近数多く報告されている（藤田，2002）。視覚イメージを用いることが学習に役立つことは，これまでのところでも述べてきたが，ここではさらに，筋運動感覚のような別の感覚を用いて学習することも，その後の記憶成績を高める効果があることを示しておく。

　身体的な動きが認知の重要な機能とかかわっているという考え方は，最近，さまざまな例を挙げて紹介されている。Inoue（2006）は，手話の記憶や認知がその運動感覚や対象物のイメージ化と相互に関連しあい，効率のよい言語処理を可能にしていることを具体的な手話表現を用いて解説している。たとえば，「もらう」という手話は，相手側から自分のほうに手を移動させて，事物の移動を表現しているが，相手が社会的ステータスの高い人（あるいは，単に身長の高い人）の場合は，相手の高い位置から，相対的に低い自分の側へ手を移動させるような表現を用いることがある。このように，手話は身体の具体的な動きを象徴的に活用し，なおかつ対象物のイメージ化との組み合わせを用いることにより，高次な認知活動を可能にし，効率のよいコミュニケーションの手段を提供している。

II-6　身体の動きを活用した教授法

■Total Physical Response《TPR：全身応答法》

　主として，第2言語習得の初期の段階において，音声言語理解のために，教師による口頭による命令に対して，身体の動きで反応するというものである。学習者は発話を強制されないため，心理的なストレスも少なく楽しく学習することができるといわれている。心理学者のアッシャーによって提唱され実践された。たとえば，以下のような命令が学習者に伝えられる。

・Stand up, and close your eyes.
・Look at the board.
・Open your book to page 23.

■Self-Performed Tasks《SPTs：実演課題》

　行為の記憶に関する心理学実験の課題で，被験者に以下に示すような教示文を提示して，そのとおりにその行為を実演させるもの。実演なしの教示文の記憶や，他者の行為を観察するのみの条件などと比較して，行為の記憶成績がよいことが一般的に実証されている。視覚イメージによる符号化と運動感覚の符号化が機能していると考えられるが，上記のことは，目隠しの状態でも確認されている。

・ドアを指させ。
・マッチを折れ。
・頭をなでろ。

（井上）

Ⅱ　学習者の認知を考えた教育の方法

Ⅱ-7　ロールプレイを取り入れた教授法

　知識偏重の詰め込み教育ではなく，学習者が自らの興味や関心に従い，なんらかの体験をとおして学習していくことには大きな意義がある。総合的な学習やプロジェクト科目などとよばれる参加型・体験型の学習は，このような学習者の自発性と学習過程で起こりうる発見，そして直接的な経験を重要視している。

　参加型・体験型の学習形態のひとつに，学習者がある人物になりきり，その役割演技をとおして，物事の本質を理解しようとするものや，コミュニケーション能力を育成していこうとする方法がある。このような方法はロールプレイとよばれている。一種の疑似体験であるという点では，シミュレーションに似ている。しかし，シミュレーションが，ある状況での一連の出来事をモデル化し，学習者にそれを疑似的に体験させるものであるのに対し，ロールプレイは，ある特定の立場の人になったつもりで，自分のこととしてある問題をとらえ，自分とは立場や意見の異なる人と話し合うなかで，その考え方を相手に伝えたり，なんらかの問題解決を行ったりしようとするものである。

　また，ある立場に立って議論するという点においては，ディベートとも共通する要素をもっている。討論する前に課題の内容を調べる作業がある点や正しい内容の情報を集めなければならない点でも，その過程には共通点がある。しかし，ディベートでは，対立する立場に分かれて議論するため，自分の立場に力点を置いた意見が中心となり，相手の立場や異なる意見に配慮する姿勢があらわれにくくなる。

　相手の気持ちや立場も受け入れながらの役割演技を行うロールプレイの場合は，日常のコミュニケーション活動に，より近い行動が体験でき，新たなコミュニケーション技能を追加することも可能である。さらに，ロールプレイを通して，学習者に不足している能力や知識を自ら認識できるメリットもある。また，お互いのロールプレイを観察したり評価したりすることをとおして，それぞれの社会や文化で常識とされている慣習についても，副産物的に学習することが可能である。

II-7 ロールプレイを取り入れた教授法

■ロールプレイとは

　あるテーマについて，ある人物になりきり，その役割（ロール）上の立場に立って考え，主として話し合いを中心とした演技を展開していくもの。なんらかの問題解決を課す場合もある。ロールプレイの長所としては，①そのテーマを身近に感じられる，②自分とは異なる視点から物事をとらえられる，③物事の問題点に気づきやすい，④コミュニケーション能力が高められる，などの特長があると考えられる。

■ロールプレイを活用した語学学習の典型的な流れ
1．準備段階
　　1-1：トピック，場面，役割の設定
　　1-2：グループでの話し合い
　　1-3：関連情報の提示
　　1-4：モデルになる会話例の提示
2．実演段階
　　2-1：相手側の発言の聞き取りと理解
　　2-2：言語形式ではなく言語内容を重視した発言
3．評価段階
　　3-1：学習仲間からの評価とフィードバック
　　3-2：教師からの評価とフィードバック
　　3-3：ネイティブスピーカーによる会話の提示

（井上）

II-8　異文化理解の教育

　異文化とは相対的な用語であり，ある文化を当たり前として受け止めている，ある人たちの視点でとらえたときの，その文化とは異なる文化をさしている。世界には，さまざまな異なる文化と言語の壁があり，円滑なコミュニケーションを行うことは必ずしも容易ではない。お互いに相手の行動様式や習慣，考え方を理解し，それらを尊重するためには，他者がどのような文化的背景をもっている人たちなのかを十分に把握することが必要である。国際理解教育や異文化理解の教育に必要な視点は，ある文化が絶対であるととらえるのではなく，さまざまな文化が世界にはあること，また，同じ民族や国の中でも，多様な文化が存在することを認識することである。

　「文化」という用語にはさまざまな定義が存在するが，ここでは，以下のように定義する。「人間が創り上げてきた有形無形の産物であり，それによって，人間の生き方や生活に大きな影響力を与えるもの」。その中には，さまざまな芸術や学問体系，衣食住にかかわる生活様式，そして，そこに生きる人間の考え方や行動の仕方，そして，社会のルールやシステムを含む制度などが含まる。さらに，目に見える物としては，衣服などの身に付ける物，各種の食べ物，現在の住居から昔の遺産の建造物，私たちの生活を便利にしてくれるあらゆる道具，これらすべてが「文化」ということばで表現されることになる。

　さて，こう考えてみると，「文化」という概念には，非常に多くの多種多様なものが含まれることになる。そこで，文化を大きく「伝統文化」と「生活文化」の2つに分けることにする。図II-2には，その2つの文化の区別を大雑把に示している。

　異文化理解の教育では，典型的な日本の文化として，華道や茶道などが取り上げられることが多いが，異文化理解といったときの文化は，むしろ，右の図の「生活文化」とよばれる部分を理解することが重要であると考えられる。ただ，図にもあるように，「生活文化」は日常的に無意識的に処理されている可能性が高いため，自分たちの「生活文化」を意図的に教材として取り上げること自体が難しいという問題がある。

II-8 異文化理解の教育

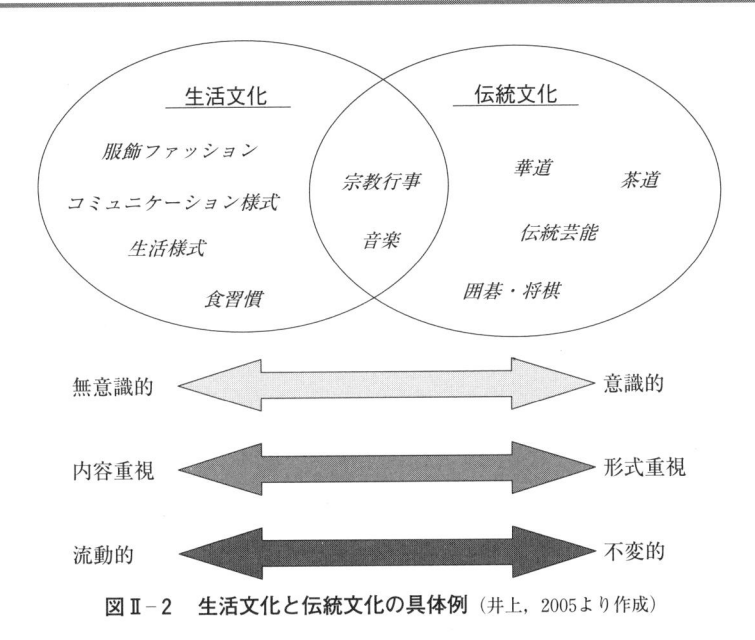

図II-2 生活文化と伝統文化の具体例 (井上, 2005より作成)

■お茶やお花や歌舞伎, あるいは年に一度の宗教行事などは, 歴史的伝統的に継承されてきた文化であると考えられるが, 必ずしも日常生活に密着しているとはいえない。そのような意味では, それらは「伝統文化」とよばれる。それに対して, 食生活の習慣や日常のコミュニケーションの様式, ふだん愛用している小物や道具などは, 毎日の生活と切り離すことができない。またテレビや新聞など毎日触れるメディアからの情報なども, 毎日の私たちの生活に直接かかわる文化だということが可能である。そのような意味で前述の「伝統文化」に対立する概念として, こちらのタイプの文化は「生活文化」とよばれる。2分類は排他的なカテゴリーではなく, どちらにも属するような事象が存在すると考えられる。

(井上)

Ⅱ　学習者の認知を考えた教育の方法

Ⅱ-9　記憶術のしくみを利用した教授法

　催眠術，忍術，奇術，秘術など，「術」ということばがつくと，何となく怪しい感じがするが，認知心理学の中で，「記憶術」は，れっきとした研究対象のひとつである。しかし，結論から先にいってしまえば，残念ながら，誰もが願うような劇的かつ完璧な記憶の方法などはなく，記憶をするための特別の術というよりも，むしろ，記憶をするためのヒントと考えたほうがよい。

　記憶術の起源は，古代ギリシアにまでさかのぼることができ，その代表的なものは，記憶すべきものと場所を結びつけていく方法（「場所法」ともよばれる）である（オリヴェリオ，2002）。たとえば，自分の通学路なり，通勤路なりをイメージし，その道中の，曲がり角であったり，ランドマークとなるようなポイントへ，覚えるべき対象を次々に配置していく，というやり方である。

　この場所を使った方法よりも，より一般的で，私たちの多くになじみの深い記憶術は，語呂合わせを用いた方法である。歴史の年号，化学記号，円周率など，語呂合わせは実際の教育の現場でも頻繁に使われているが，そもそも，なぜ語呂合わせをすることが記憶にとってよいのだろうか。

　場所法にせよ，語呂合わせにせよ，どちらの方法も，覚えるべき対象とは別のある情報を付加的に結びつけるということを行っている。このように，ある情報に別の情報を付け加えることを，心理学の専門用語では「精緻化」とよんでいる。精緻化は，新しい知識を，すでにもっている知識に結びつけるというプロセスであり，スキーマとよばれる知識構造に，新しい知識がうまく組み込まれやすいと考えられる。また，思い出す際に，別の情報が手がかりとして機能するというメリットもある。このような理由で，場所法，語呂合わせなどの精緻化が，記憶の効率を高める方法のひとつであると考えられている。

　実際の教育の場面において，学習の初期段階で学習者がどうしても覚えなければならない事項（たとえば，公式など）というものがある場合も多い。その際，上記のような精緻化のしくみをうまく利用することで，後に続く学習活動がスムーズに進んでいくこともあるだろう。

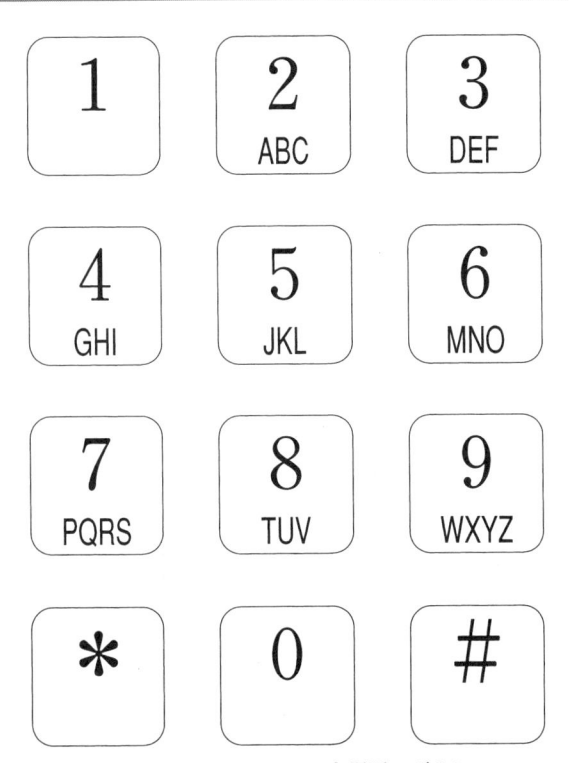

Ⅱ-9　記憶術のしくみを利用した教授法

図Ⅱ-3　アメリカの公衆電話のボタン

▶アメリカの公衆電話のボタンは，たいてい，数字の下にアルファベットが示されており，たとえば，広告などで，ホテルの電話番号に，「One 800 Holiday（Inn）」と書かれてあった場合，「Holiday」とある部分は，一文字ずつ，アルファベットの書かれてあるボタンを押す（つまり，「1-800-4654329」という番号を押すことになる）。この例も，語呂合わせなどと同様，精緻化の一種である。

（北神）

II-10　知識・技能を獲得させる教授法

　学校教育の中では，さまざまな学習内容が扱われている。その学習内容は，いくつかの視点によって分類することができるが，ごく基本的な分け方のひとつに，「知識」と「技能」という分類がある。

　I-1で既に紹介されているように，長期記憶として頭の中に保存されている記憶は，手続き的記憶と宣言的記憶に分けることができる。前者は，上述の学習内容の分類でいえば「技能」に対応し，音楽や体育など，実技系の教科で主に扱われるものである。これに対して，後者は，「知識」に対応し，国語や算数（数学）などの普通教科で主に扱われるものである。もちろん，教科の区別と学習内容の分類が厳密に対応するわけではなく，むしろ，現実的には，教科ごとに，異なるバランスで両者が混在するものであるが，知識や技能を長期記憶として学習者の頭の中に定着させるためには，学習内容がどのタイプの記憶に分類されるかをきちんと把握したうえで，それに合った教授法を選択しなければならない。

　手続き的記憶と宣言的記憶の根本的な違いは，ことばで伝えることができるかどうかであり，前者は伝えることが難しく，後者はやさしいという対応関係になっている。したがって，学習内容が，手続き的記憶に対応する何らかの技能である場合，どれだけわかりやすかろうが，どれだけ工夫をしようが，ことばを中心とした教授法が適切ではないことは，容易に想像できる。「習うより慣れろ」ということばがあるように，技能を教える場合，学習者に対して，実際の動作を何度も何度も繰り返すように指導することが，基本的には重要である。表II-2を見ても，コンピュータの操作の中で，手続き的記憶に分類されるものは，実習が含まれている教授方法がその習得に効果的である，ということがわかる。

II-10 知識・技能を獲得させる教授法

表 II-2 コンピュータの操作を教える場面を想定したさまざまな記憶の習得と教授方法の例との関係（藤田, 2006を一部改編）

教授方法の例	手続き的記憶	宣言的記憶 意味記憶	宣言的記憶 エピソード記憶
1．教科書・プリントの言語的記述によって説明	×	○	△
2．教科書・プリントの図表によって説明	×	◎	○
3．実際のコンピュータ画面のハードコピーの参照	×	△	○
4．教員による操作のデモンストレーション	○	○	○
5．教員の説明通りに学習者が実習	◎	○	△
6．学習者のペースで自由に実習	○	△	○
7．教員が例題を出して学習者が実習	◎	○	◎
8．学習者同士に教え合いをさせる	○	○	◎

＊表中の記号は，それぞれの教授法が，かなり有効（◎），有効（○），無意味ではないが他の手段のほうが有効（△），あまり期待できない（×）ということを示す．

▶この表は，コンピュータの操作を教える場面を想定したうえでの，有効性という観点から整理した教授方法と記憶の種類の対応関係を表したものである．たとえば，手続き的記憶に分類されるような内容を教授する場合には，学習者が自ら手や頭を動かすという実習の要素が入っていたほうがよい，ということがこの表からわかる．

(北神)

Ⅱ-11　連合学習と100マス計算

　特に，初等教育に携わる先生や，小学生の子どもをもつ親にとって，図Ⅱ-4に示されている100マス計算は，一度は目にしたことがあるものではないだろうか。この100マス計算は，もともと，岸本裕史氏の『見える学力，見えない学力』(大月書店)で紹介されている計算指導方法であるが，この100マス計算を中心とした陰山英男氏(現 立命館大学附属小学校副校長)の優れた教育実践(例として，『本当の学力をつける本』(文藝春秋)など)が，メディアで頻繁に紹介されることによって，ここ数年の間に，世間で急速に広まったものである。

　最近では，「陰山メソッド」ともよばれる読み・書き・算の指導方法は，単純反復が中心となっているが，特に，この100マス計算は，パズル的な要素があり，どれだけ早くできるか時間を計測するため，一種のゲーム感覚で，勉強をすることができるという側面がある。また，100マスを計算し終えるスピードが，比較的短期間で飛躍的に向上することから，学習者自身が，自分の計算技能の向上を肌で感じることができる。したがって，学習習慣の形成や学習者の学習に対する動機づけの維持といった意味では効果的であると考えられる。

　しかしながら，100マス計算は，心理学の視点から考えれば，連合学習をしているに過ぎない，ととらえることができる。連合学習は，2つの刺激が時間的に近接して与えられる場合に生じる学習であり，単純な技能の習得には向いているものの，学習の効果が，その応用的な側面や理解面にまで及ぶかというとそうではない。つまり，100マス計算によって，単純な計算能力は身につくが，その計算能力を使った応用問題を解く能力まで身につくとは考えづらい，ということである。

　もちろん，だからといって，100マス計算自体の指導方法としての価値が否定されるものではなく，単純な計算能力の向上という直接的な効果と，上述の通り，学習習慣や動機づけの面でのメリットという間接的な効果はあると考えてよい。ただし，Ⅰ-21で紹介されている「転移」が生じにくいことには，注意が必要である。

Ⅱ-11　連合学習と100マス計算

+	3	4	8	9	1	2	5	6	0	7
2	5	6	10	11	3	4	7	8	2	9
8	11	12	16	17	9	10	13			
0										
7										
9										
1										
4										
6										
3										
5										

図Ⅱ-4　100マス計算の例

▶この図には，100マス計算の例が示されているが，やり方は非常に単純で，左上から順に，横方向に並べられている数字と，縦方向に並べられている数字を，左上隅に書かれている計算規則（ここでは，「＋(足す)」）に従って，計算していくというものである。

(北神)

II-12　知識の構造化を促すための教授法

　歴史の授業では，年表，図表，関係図などが収録された資料集とよばれる副読本が用いられる場合が多い。教科書を読んでもよくわからなかったことが，この資料集を見ることによってたちまち理解できた，というような経験はないだろうか。表II-3には，中国の春秋・戦国時代に登場する「諸子百家」に関する文章形式の説明（A）と，それを表形式にして整理したもの（B）がある。おそらく，ほとんどの人にとっては，表形式のほうがわかりやすいと感じるであろう。

　表形式のほうがわかりやすいと感じる理由には，まず，情報量の少なさが挙げられる。情報量が少ないということは，人間の認知的処理という視点で考えれば，処理の負担が軽いということであり，軽くなった分，別の認知的処理に，資源を分配することもできる。

　しかし，これ以上に重要なことは，表形式のほうが情報が整理されている，ということである。I-1やI-2ですでに紹介されているように，私たちの頭の中で，知識は，それがネットワーク構造であったり，階層構造であったりと，形式は異なるものの，ある規則にしたがって整理されている，つまり，何らかの構造化が行われている，と考えられる。このことは，言い方を換えれば，構造化が行われたものが知識として定着する，ととらえることもできるように，右頁にある表形式のものは，構造化の作業が不必要であるため，自分で構造化の作業を行わなければならない文章形式のものと比べて，わかりやすく，また，記憶にも残りやすいといえる。

　これらのことから，何らかの学習内容を教える場合に，教える側が「構造化」という概念をどれだけ意識できるかが重要であると考えられる。その中でも，特に，歴史の学習においては，時間軸という縦の関係，国や地域という横の関係という2つの軸が非常に明確であるため，構造化という概念を意識することによって，効果的な学習を行いやすい。これは裏を返せば，学習者がそういった軸に沿って，学習内容をうまく構造化できるかどうかが，学習の成功の鍵となっている，ということであろう。

表Ⅱ-3　春秋戦国時代に活躍した諸子百家

(A) 諸子百家とは，中国の春秋・戦国自体に登場した思想家集団のことで，その思想によって，儒家，道家，法家，墨家など，いくつかに分類される。まず，儒家とは，「礼」と「仁」を説き，孔子や孟子などがその代表に挙げられる。次に，道家とは，「無為自然」を説き，老子，荘子がその代表として挙げられる。その次に，法家とは，「法治主義」や「信賞必罰」を説き，韓非や商鞅が，その代表である。最後に，墨家は，「兼愛」と「非攻」を説き，その代表に，墨子が挙げられる。

(B)

	儒家	道家	法家	墨家
思想	礼 仁	無為自然	法治主義 信賞必罰	兼愛 非攻
代表的な人物	孔子 孟子	老子 荘子	韓非 商鞅	墨子

▶(A)と(B)は，いずれも，春秋戦国時代に活躍した諸子百家に関する記述である。ほとんどの人にとって，(B)の形式のほうがわかりやすいと感じる理由は，「情報量」と「構造化」の2点で説明することができる。つまり，(B)のほうが，情報量が少なく，かつ，情報が整理されているため，認知的処理の負担も少なく，わかりやすい，ということである。

(北神)

Ⅱ-13　意図的な学習では身につかない能力

　応用言語学者のクラッシェン（Krashen, 1982）は，意図的な学習と偶発的な習得を区別して，前者はコミュニケーションの場面では，あまり役に立たないと主張した。彼の提唱するモニター仮説とよばれる理論では，学習した知識は，単に発話をモニターする役割を果たすのみであると主張した。モニターという機能は，クラッシェンによると，時間的に遅れて少し前の発話内容が文法的に正しいかどうかとか，より適切な表現は何かなどの判断をするような役割を果たす。そして，そのような機能は，コミュニケーションの場面で，発話をすばやく自動的にプログラムするというようなときに，役に立たないと主張した。

　つまり，対話しているときの発話行動で役立つのは，比較的自然に身につけたもので，これをクラッシェンは「習得したシステム（the acquired system）」と名づけた。それに対して，意図的に学習した内容は，実際のコミュニケーションにおける発話では，モニターとして機能するだけで，実際には役に立たないとし，こちらを「学習したシステム（the learned system）」と名づけた。

　彼はこのように，学習と習得（あるいは獲得），という用語を使い分けている。まず彼のいう「学習（learning）」は，意図的な意識的な活動で，たとえば勉強しようと思って，英語を勉強するというような場合をさしている。ところが「習得（acquisition）」という用語は，何かを副産物的に身につけることをさし示している。

　そして，学習者の注意が言語に注がれている間は，言語を「習得」することはできずに，学習者の注意が他の活動に向けられているときに，「習得」が可能になるとしている。これは，「学習のパラドックス」とでもよぶべき，ある意味では不思議な現象だと考えられる。このような考え方が正しいとすると，語学における会話能力などを身につけるためには，言語の文法や単語の発音をことさらに意識させるのではなく，学習者が夢中になれるゲームを取り入れる，あるいは学習者の関心のあるトピックを教材に盛り込むなどの授業における工夫が求められる。

Ⅱ-13 意図的な学習では身につかない能力

図Ⅱ-5 学習者に言語を過度に意識させずに言語を習得させる方法の具体例
▶学習者には，AとBの2つの絵の内容の違いに注目させ，たとえば，Aの状況がBのように変化したときには，何がなされたかの記述を英語でするように求める（Ur, 1988を参考にして作成）。

（井上）

II-14　認知発達に応じた教授法

　ピアジェの認知発達理論によれば，7，8歳頃から，具体的操作期とよばれる具体的な対象物を用いることで思考を行うことができる段階に達する，とされている。実際，小学1年生で学習する十進数の学習においては，数ブロックを用いて，「一が10個で十になる」ということを学ぶ。このような指導法は，十進数という抽象概念を言語的表現だけを用いて理解するのが困難であるために，数ブロックという具体物を用いて理解させることを意図しており，まさに認知発達に応じた指導ということができる。

　発達段階の中でも児童期にあたる小学校の子どもでは，認知の発達がめざましく，学習指導においても認知発達に応じた教え方が求められる。特に，最近では，学習内容をどのようにとらえるかという学習方略や，どのような学習方略がどんな時に役に立つのかの知識であるメタ認知（I-22 参照）などに注目が集まっており，学校現場でもそれらの認知能力の指導に関心が高まっている。しかしながら，これらの要因は発達的に獲得される能力であり，その発達に応じた指導法でなければ効果的ではない。

　たとえば，岡本（1992b）は，小学生を対象に，表II-4に示したような項目を用いて，学習方略やメタ認知を組み合わせた学習の仕方である学習スキルの発達的変化を調べている。その結果，図II-6に示したように，一般的な学習の仕方である態度スキルは，小学校高学年になるにつれて徐々に減少していく傾向にあるが，個々の課題を行うときの学習の仕方である理解スキルは，学年進行にともなって上昇していく傾向にあることを明らかにしている。

　これらのことからは，低学年の児童は，まだ頭の中での認知の仕方などには気づいておらず，「毎日勉強する」や「宿題をきちんとする」など生活の中での学習行動を重視して，使用していることがわかる。これに対して，高学年の児童では，「自分の知識と関連づける」や「重要な箇所に線を引く」など，学習内容の処理の仕方に気づいて，それに基づいた学習スキルを重視していることがわかる。このように，同じ学習スキルといっても，その発達に応じた指導が求められているのである。

II-14 認知発達に応じた教授法

表II-4 岡本（1992b）で用いられた質問項目例

項目	理解スキル	態度スキル
本を読むとき，大切なところに線を引いたり，メモをとったりしている	0.596	
授業中，先生や友達から興味のあることを聞くと，後で本などを読んでもっとくわしく調べている	0.593	
新しく習うことを自分の知っていることに結びつけて覚えている	0.570	
勉強する前に，学習のめあてや目標をもつようにしている	0.554	
気の向いたときだけでなく，毎日勉強するようにしている		0.644
宿題はきちんとするようにしている		0.608
勉強しているときに難しいところがでてきても，あきらめないでがんばって考えるようにしている		0.601
授業中，よそ見をしないように気をつけている		0.588

▶この表で態度スキルに入っている項目は，勉強全般にかかわるようなものであるのに対して，理解スキルに入る項目は個別の学習状況や教科に限定的なものである。

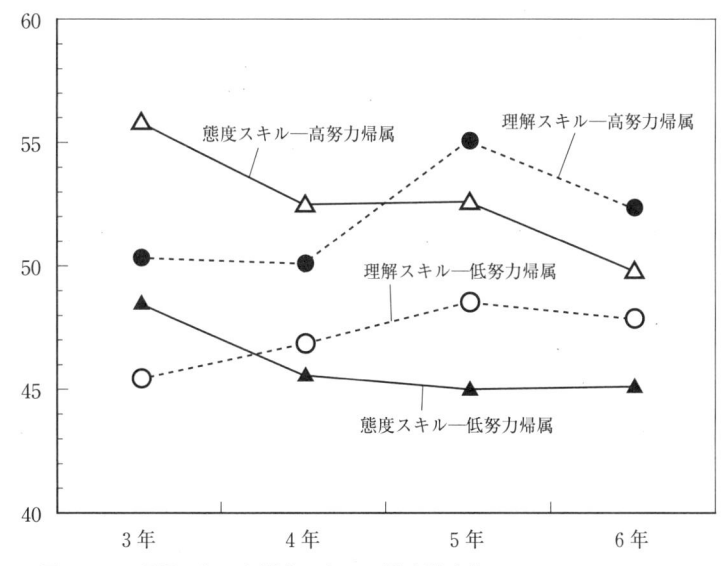

図II-6 理解スキルと態度スキルの発達的変化 （岡本，1992bより作成）

▶この図からは，一般的な態度スキルが学年進行にともなって使用されなくなり，これにかわって，より特殊な理解スキルの使用が増加してくることがわかる。

(岡本)

II-15 適性に応じた教授法と適性を育てる教授法（ATI）

　児童・生徒一人ひとりは違った興味や関心，あるいは既有知識をもっており，その意味では，教科学習を行うための個人的特性（適性）はひとり一人異なっている。このような個人がもっている学習適性によって，教育的作用の成果が違ってくることは，ATI（Aptitude-Treatment Interaction：適性処遇交互作用）とよばれる。

　スノーら（Snow, et al., 1965）は，物理学の授業を教える際に，大学生500人を２つのグループに分け，１つのグループには映画を用いて授業を行い，もう一方のグループには同じ内容を教師が教えて授業後の学習成績を調べた。その結果，図II-7に示したように，対人積極性の低い者は映画による教授法のほうが成績が良く，逆に対人積極性の高い者は教師による教授法のほうが成績の良いことが明らかになった。すなわち，どのような教授法や教材が効果的であるかは，それを受ける学習者の適性によって異なってくるのである。

　このATIという現象からの教育実践への示唆を考えてみると，ひとつは，学習者のもっている知識状態や興味・関心に応じた教材や授業法を用いる必要があるということであろう。これは，"適性に応じた教授法"という考え方であり，個性化を進めていくうえでも重視されなければならない重要な視点である。一方で，学習の到達度の違いによって習熟度別学習を行うような場合を考えてみると，図II-8に示したように，到達度の低い学生と高い学生の差は開いたままになることも多い。そこで，もう一つの観点が重要になってくる。それは，"適性を育てる教授法"という考え方である。特に，全員に必ず身につけてほしい学力，たとえば計算技能や読み書き能力などは，それ以降の学習を左右する適性になっており，それらの学力に遅れがみられるような場合には，適性に応じた課題や教材を教えると同時に，その遅れを解消するような学習活動を取り入れることで適性を育てるということが重要になってくる。具体的には，かけ算技能が２年生で十分に獲得できていない子どもが，３年生で割り算の学習をするような場合には，かけ算技能を育てながら，容易な割り算の課題へと取り組ませるような工夫が必要であろう。

Ⅱ-15 適性に応じた教授法と適性を育てる教授法 (ATI)

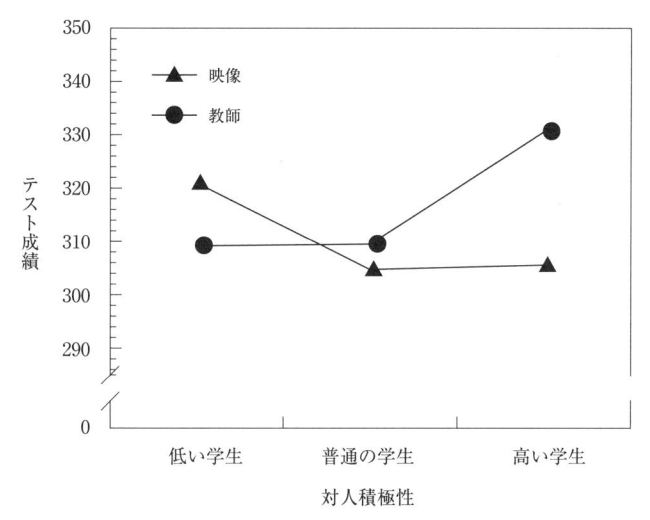

図Ⅱ-7 対人積極性と教授法の交互作用（Snow, et al., 1965より作成）
▶教師がよいのか，映画がよいのかは，生徒の対人積極性で違っており，対人積極性の低い生徒には，映画を使って教えるほうが効果的である。

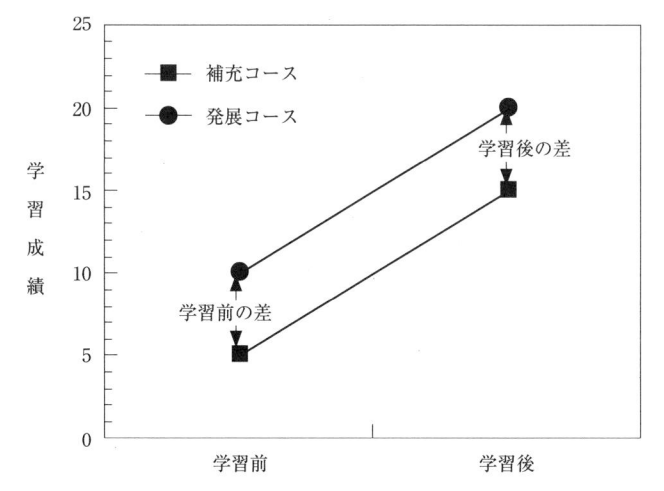

図Ⅱ-8 習熟度別学習による成績の変化
▶ただ単に習熟度別学習を行うだけでは，学習の差は縮まらないという問題点もある。

（岡本）

II-16　基礎学力を育てる教授法——TTによる少人数指導

「基礎学力」とは何かということを，一言で論じるのはかなり難しい。国語なら国語の基礎学力，数学なら数学の基礎学力という考え方もあるであろうし，一方では全体的な学力の基となる基礎学力もあるであろう。その意味においては，学校ごとに身につけさせたい基礎学力が異なるということもできる。しかしながら，どのような基礎学力であれ，それが基礎学力であると見なされているならば，その学力はすべての児童・生徒に等しく身につけさせたい学力である。

学校現場では，このような学力を育てる教授法として，複数の教師によるTT（チームティーチング）を活用することが多くなってきている。通常は，一つのクラスを一人の教師が教えるが，TTにおいては2名以上の教師が協力して授業にあたる。一人の教師が教えるとなると，どうしても一方的な知識伝達型の授業に陥りやすいことや，教師の手助けが必要な児童・生徒に十分な個別指導が行えないといった問題点が指摘されてきた。TTでは，これらの問題点を解消し，着実に基礎学力を形成する方法として注目されている。

たとえば，算数の計算力という基礎学力を，TTによって育てていくという場合，表II-5に示したように，いくつかのやり方を考えることができるが，どのような形式で授業を行うのかには，一つの答えがあるわけではない。それよりも，そこでの学習の目標に照らして最も効果的な形式がどれなのかといった観点から，いくつかのTTを適宜変えながら学習を進めていくことが望まれる。

基礎学力を育てる，すなわち，すべての子どもたちを一定の到達度まで到達させるために重視しなければならないのは，目標となる基礎学力の要素を明らかにし，その学力要素を獲得できているのかどうかについて，縦断的な評価を行って，それぞれの子どもの学力形成の姿をとらえ，指導していくことであろう。表II-6には，足し算の指導を例にした評価シート例を示した。また，TTにおいては，複数の教師が学習活動の評価者となることで，評価にズレが生じやすくなる。このようなズレを生じさせないようにするためにも，学力の構成要素に基づいた評価規準を用意して，指導や評価にいかしていく必要がある。

II-16 基礎学力を育てる教授法―TTによる少人数指導

表II-5 TTのタイプ分け

TTのタイプ	グループ分け	用途	教師の役割
個別TT	しない	一斉授業についていくのが難しい少数の子どもに個別指導を行うような場合	必要に応じて個別指導
グループ別TT	学力レベルが均等になるようにグループを分けて，学習する	一斉授業を行うよりも少人数のグループ学習が効果的であると考えられ，しかも子どもたちだけのグループ学習では難しいような場合	担当のグループを決めて，グループ指導
習熟度別TT	習熟度別に分けて学習する	学級の子どもの間に習熟度の差があり，習熟度が高い子どもも低い子どもそれぞれに伸ばしたいような場合	担当のグループを決めて，グループ指導

表II-6 足し算指導での評価シート例

氏名	評価項目	点数
井上	・十進数の概念を獲得している □ ・繰り上がりを間違わずに行える □ ・計算をすばやく実行できる □ ・見直しをしている □	
岡本	・十進数の概念を獲得している □ ・繰り上がりを間違わずに行える □ ・計算をすばやく実行できる □ ・見直しをしている □	
北神	・十進数の概念を獲得している □ ・繰り上がりを間違わずに行える □ ・計算をすばやく実行できる □ ・見直しをしている □	

▶この評価シートでは，足し算を行うために必要な技能を要素に分けて評価することで，その子どもにどのような指導が必要であるのかがどの教師にもわかりやすくなる。

(岡本)

Ⅱ-17 習熟度別学習—個人差に応じた指導と評価①

　日本の授業の問題点として，教室のすべての子どもに同じ教材を用いて授業を行う画一的な指導が挙げられることが多い。しかしながら，実際には教室にいる児童・生徒は，一人ひとり違った個性をもっており，それぞれに子どもに適した教材は違っている。落ちこぼれをなくし，すべての子どもが一定の学習到達度に至るようにするためには，児童・生徒一人ひとりの個人差を認め，個人差に応じた指導や評価が行われなければならない。

　まず，最初に注目しなければならないのは，どの段階まで学習が進んでいるのか，言い換えると，どの段階の学力レベルにあるのかを示す学習到達度の差である。一般的に，学習到達度の違いに応じた指導形態を習熟度別学習とよび，図Ⅱ-9に示したような授業がひとつの典型例である。このような指導形態は，単元の内容をすべての児童・生徒に獲得させつつ，一部の生徒の個性の伸長を図るために有効な方法である。実際，文部科学省の調査によると，図Ⅱ-10に示したように，平成12年度では4割弱の学校でしか実施されていなかったが，14年度には6割以上の学校で習熟度別学習が実施されるなど，幅広く学校に定着しつつある。

　習熟度別学習の指導のポイントは，形成的評価の実施と学習到達度の的確な把握である。習熟度別学習では，子どもたちそれぞれが学習目標のどこまでを達成したのかに基づいて，それぞれの学習グループでの教材や指導内容を決めることで，すべての子どもたちに学習目標を達成するというものである。したがって，それらの基礎資料となる共通学習後の形成的評価が重要となり，テストによって，子どもたちが獲得した学力レベルを判別できるようなテスト項目作りが求められる。この点については，Ⅳ-5 を参照していただきたい。

　これまでは，習熟度別学習は，子どもたちに優越感や劣等感を与えるなどの問題点が指摘されることもあったが，学習グループを弾力的にかえることやグループ自体を子どもたちに選ばせる工夫などによって，必ずしも問題となるわけではないこともわかってきている。

II-17 習熟度別学習—個人差に応じた指導と評価①

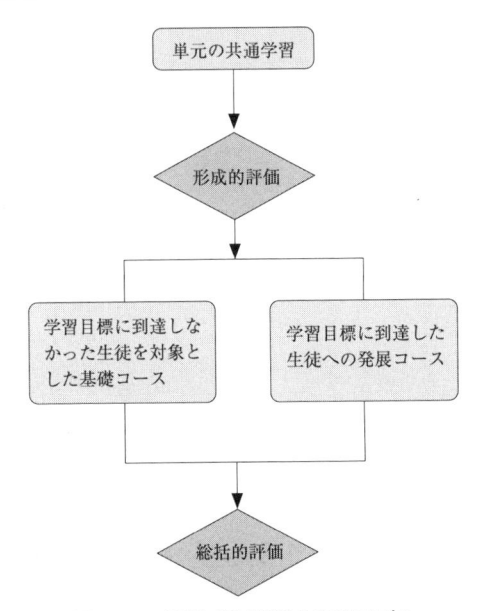

図II-9 習熟度別学習の授業モデル

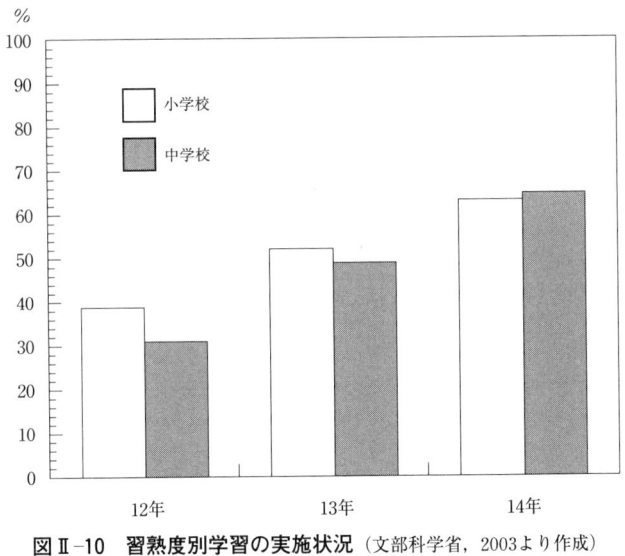

図II-10 習熟度別学習の実施状況（文部科学省，2003より作成）

（岡本）

II-18　課題選択学習─個人差に応じた指導と評価②

　もうひとつの注目すべき個人差は，興味・関心の個人差であろう。伝統的な学力のとらえ方では，興味や関心をもっていても知識や技能として育っていない場合には学力がある状態と見なされなかったが，新しい学力観では，ある領域や課題に興味や関心をもっていると，そこから将来的な学力を導くだろうと期待されるので，児童・生徒の興味・関心に応じた授業法も積極的に活用していく必要がある。

　興味や関心に応じる教授法の一つとして，課題選択学習が挙げられる。図II-11に示したように，最初にクラス全体で共通の学習を実施した後に，その学習内容の中から，自分自身の興味や関心に基づいて学習テーマを選び，学習を進めていくといった形式が用いられることが多い。

　課題選択学習においては，児童・生徒一人ひとりが自ら伸びていくことが期待されるので，指導のための目標を画一的に定めるのではなく，児童・生徒の興味や関心にも基づいて学習が展開していくような指導が求められる。しかしながら，それは子どもたちが学習の目標をもたずに，興味があることだけを行えばよいというものではない。子どもたちが課題を選択した後，その課題において，どのようなめあてをもって学習を進めていくのかを子どもたち一人ひとりが明確にしたうえで学習を進めていく必要がある。

　このためには，共通学習において，学習内容をしっかりと学習させることが必要であるし，加えて，それらの共通学習の過程において，子どもたちが"なぜ？""不思議だな"などといった気持ちをいだき，学習への動機づけが高まるような工夫が必要である。

　また，課題選択学習であっても，カリキュラムに組み込まれた学習内容であり，単元全体としては共通の目標をもっていることも多い。このような場合には，図II-12に示したような共通の目標と個別の目標をそれぞれ設定し，学習活動を展開していくことが必要となる。

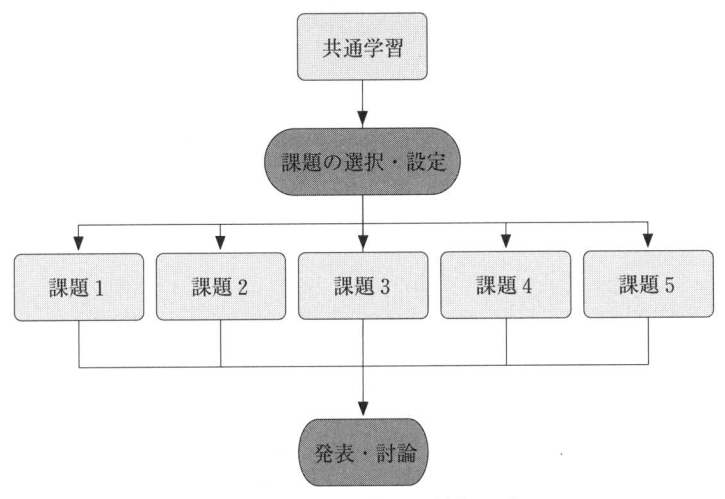

Ⅱ-18　課題選択学習─個人差に応じた指導と評価②

図Ⅱ-11　課題選択学習の授業モデル

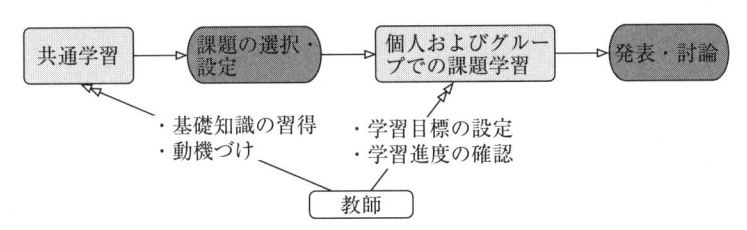

図Ⅱ-12　課題選択学習のプロセスと教師のかかわり

(岡本)

II-19　教科の学習と総合的な学習

　総合的な学習の導入が，学力低下をさらに引き起こすのではないかという批判が絶えないが，総合的な学習の導入目的は，生きる力の基になる確かな学力を子どもたちに身につけさせるためである。言い換えると，総合的な学習は，これまで不十分であった学力の側面を強化し，子どもたちに本当の意味での学力を身につけさせるためにあるのである。ここでは，学力形成という観点から，総合的な学習と教科の学習の関係を整理してみる。

　総合的な学習には，指導要領が存在せず，学校独自のカリキュラムに基づいて授業が進められる。しかし，文部科学省が，総合的な学習の例として福祉，環境，異文化理解などを挙げていたために，導入当初は，それらの題材を扱う学習が総合的な学習であるという誤ったとらえ方をしている学校現場も少なくなかった。このような総合的な学習では，確かに教師が一方的に知識を伝達するという授業形式ではないという点や学習内容という点で，これまでの教科の学習とは違っている。しかしながら，表II-7に示したように，学習内容という点からみると，教科の学習と総合的な学習は分離したものでも，対立したものでもない。

　表II-8に示したように，教科の学習と総合的な学習の最も重要な相違点は，その学習のねらいにある。総合的な学習のねらいは，体験や課題解決を通して，生徒が自ら学習に取り組むことによって，学習の方法や教科の学習で得た知識や技能の使い方そのものを学ぶことにある。

　教科の学習は教師が中心となって知識を授けていくものであり，総合的な学習は子どもが中心となって課題を解決していくのであるが，そのどちらも学力形成に寄与していなければならない。すなわち，教科の学習では知識や技能の側面を，一方，総合的な学習では，興味・関心の側面や課題解決の方法や知識獲得の方法などの側面を育てることによって，全体としての学力を育てていく必要がある。

Ⅱ-19 教科の学習と総合的な学習

表Ⅱ-7 学習内容から見た総合学習のタイプ

タイプ	学習内容
教科独立型	福祉，環境，異文化理解などのこれまでの教科では扱うことができなかった学習内容を取り扱う
教科横断型	複数の教科の学習内容を組み合わせた学習内容を取り扱う
単独教科発展型	ひとつの教科での学習内容のより発展的な学習内容を扱う

▶このような学習内容からの総合学習の分類は，教科の学習との違いを明確にすることが難しい。

表Ⅱ-8 機能的な観点から見た教科の学習と総合的な学習の違い

	学習のねらい	学習活動
教科の学習	各教科領域で必要とされる知識や技能の習得，及びそれらの領域への興味や関心	知識伝達型 課題解決型
総合的な学習	教科の学習で得た知識を用いて，現実的で身近な課題へ取り組むことを通して，知識や技能の使い方を習得する	知識探索型 課題解決型

▶総合学習では，体験や課題解決などの学習が重視されるが，それは上に書いた学習のねらいによるものであるといえよう。また，地域教材などの利用が求められるのも，子どもたちにとって身近な課題へ取り組むことが現実的で，意欲も高まることで学習のねらいが達成されやすいということである。

(岡本)

Ⅱ　学習者の認知を考えた教育の方法

Ⅱ-20　数学を発展させた総合的な学習

Ⅱ-19 で述べた一つの教科の内容をさらに発展させた内容を学習するような単独教科発展型の総合的な学習について，岡本ら（2005）が実施した中学校での数学を発展させた総合的な学習について紹介する。

この授業は，「こころのはたらきから加齢を考える」という総合的な学習の授業であり，加齢という福祉の内容を扱いながら，数学の一次関数の学習内容をより発展させることをめざしたものである。

表Ⅱ-9に本時（2時間）の指導略案を示している。授業では，心的回転（Mental Rotation）課題という心理学の実験課題をグループで行い，そこで得られたデータを整理した後，自分の実験体験とデータを数学的にとらえることで，老人のこころのはたらきについて考えてみるという活動を行った。この授業では，体験学習と数学的思考の活用を通して"加齢によって，こころのはたらきが遅くなることに気づく"ということを本時の目標とした。

心的回転とよばれる課題は，図Ⅱ-13左に示したような2つの文字の一方を回転させておき，その回転した文字が，左側の文字を回転しただけの文字（正立）なのか，左側の文字の鏡文字を回転した文字（鏡映）なのかを判断するというものである。心理学の実験から，この判断にかかる時間が，回転角度の一次関数になることが知られており，特に，高齢者では，この一次関数のy切片も直線の傾きも大きくなるとされている。生徒には，これらの特徴を事前に教えずに，自ら考えさせることで，老人の特徴に気づかせるような授業設定にした。

一見すると，福祉の総合的な学習になっているが，その中での数学的思考を使って考えさせる活動を設けることで，生徒自身が一次関数の考え方を応用できることを実感できる，数学の発展を導くことが期待される授業となっている。

実際の授業には，53名の中学2年生が参加したが，授業の後半に設定された自分たちの実験データ（図Ⅱ-13右）についての話し合いの中では，データを一次関数の考え方を使って解釈する様子が観察され，数学を発展させるという目標は達成できていた。

Ⅱ-20 数学を発展させた総合的な学習

表Ⅱ-9 数学発展型の総合的な学習の指導案

学習活動	生徒の活動	指導上の留意点
1．目のはたらきについて，理解する（10分）	目のはたらきについて，自分なりの考えを発表した上で，全体で教師の説明を聞く	らせんが見える，同心円図形を用いて，外界の刺激と見えているもの（頭の中のイメージ）が異なっていることを理解させる
2．文字を見ているときのこころのはたらきについて考える（5分）	見るときのこころのはたらきについての説明を聞く	傾いた文字を見るときには，頭中のイメージを回転させることを理解させる
3．実際に実験を行って，見るときのこころのはたらきを体験する（30分）	班に分かれる 4人が交代しながら実験を行って，見るときのこころのはたらきを体験する 協力して，結果をまとめる	実験手続きを正確に理解させる。適宜，授業補助者が，各グループを指導する
休憩時間		
4．実験のまとめから，いえることを考える（10分）	個人で課題を考える	個人で考えるように指導する
5．一部の実験結果を基に関数的な思考をはたらかせて，実験しなかった角度の結果について予測を立てる（10分）		全員の生徒が予測できたら，生徒からの意見を聞いて，全員で考える
6．加齢にともない，見るときのこころのはたらきにどのような変化が現れるのか，考える（10分）		全員の生徒が予測できたら，生徒からの意見を聞いて，全員で考えてみる 身近な出来事で，よく似たことがないか考える
7．まとめ（10分） 「加齢にともなってこころのはたらきに遅れが生じることを理解する」		

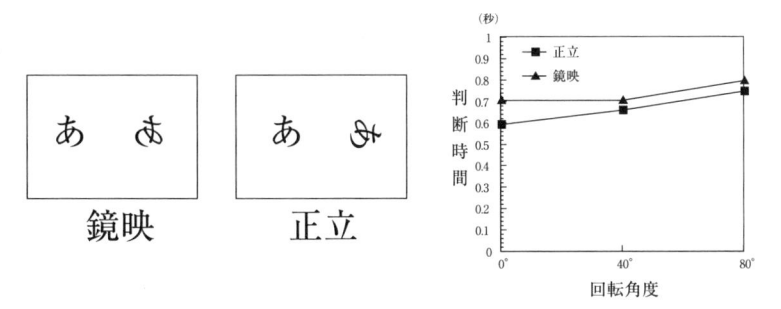

図Ⅱ-13 心的回転課題（左）と授業で得られた実験データ（右）

▶生徒は，図左のどちらかの図を提示されて，それが正立か鏡映かを判断する。2つの文字のうち右側の文字は回転しており，回転角度によって判断にかかる時間が一次関数的に長くなる傾向がある（図右）。

(岡本)

Ⅱ　学習者の認知を考えた教育の方法

Ⅱ-21　考える力を育てる授業の実際

　表Ⅱ-10を見てほしい。これは，2003年に行われたPISA調査に出題されたスケートボード問題（スケートのボードの部品を組み合わせて，最も高くなる組み合わせの値段と最も安くなる組み合わせの値段を答える問題）での日本の子どもと調査に参加した全ての国の子どもの平均値を示したものである。PISA 2003での数学的リテラシー全体の得点では，日本の子どもは，フィンランド，韓国，オランダについで第4位の得点534を示しており，参加国の平均500点を大きく上回っている。しかしながら，このスケートボード問題では，完全正答率が低く，誤答率は高い。加えて，回答を書かなかった無答の子どもの比率は，OECD平均が4.7%であるのに対して，10.6%とかなり高くなっている。このことは，日本の子どもたちが，自分なりに思考して解決を導くということを苦手としていることを示している。このような学力の欠点を解消して，考える力を育てるためには，公式や計算手続きを教えるだけではなく，それらの意味についても考えるような学習活動を取り入れる必要がある。

　たとえば，岡本・西森・加藤・三宮・高橋・川添（2005）は，小学校5年生の割合単元において，図Ⅱ-14に示したような学習課題を用いて，割合という考え方の意味を理解させるための授業を行っている。この問題は，黄色と緑色の絵の具の量を割合で比べることによって，どちらがより緑色の濃い黄緑色になるのかを判断できるのだが，子どもたちが教科書で目にしているようなもとになる量や比べる量が問題文に明示されていない。加えて，絵の具の量といった数値情報も明示されていないため，子どもたちは，自分で絵の具の幅や長さなどを測定して，それらを用いて割合を考えるといった思考を展開する必要がある。問題に解き方や考え方が明示されているような教科書の例題のようなタイプの問題とは異なって，私たちが用いた学習課題は考え方を自ら発見しながら問題を解決していくタイプの問題である。このような課題に取り組むことで，一見すると比べることができない緑色の濃さを割合の考え方を利用して比較可能であることを実感でき，割合の考え方のよさに気づくように導けるであろう。

Ⅱ-21 考える力を育てる授業の実際

表Ⅱ-10　PISA 2003でのスケートボード問題の結果

(国立教育政策研究所, 2004より作成)

	完全正答(%)	部分正答(%)	誤答(%)	無答(%)
日本	54.5	8.0	26.9	10.6
OECD 平均	66.7	10.6	18.0	4.7

▶日本の子どもは，問題解決に失敗している誤答が多いだけでなく，全く回答を書くことができていない無答の子どもが多いことがわかる。

考えてみよう1
　あきらさんとひろしさんは，絵の具で，きみどり色を作ろうとしています。ふたりは，黄色と緑色を，それぞれ下の図の分量だけパレットに出しました。
　あきらさんとひろしさんでは，どちらの方が濃いきみどり色ができるでしょうか。どちらであるかを考えて，なまえに○を付けてください。

（　あきらさん　　　　　ひろしさん）

あきらさんの絵の具パレット　　　ひろしさんの絵の具パレット

それは，どのように考えましたか。

図Ⅱ-14　岡本ら（2005）が用いたワークシート

▶この問題では，教科書のように数値が示されていないため，どのようにすると比較可能になるのかを考えなければならず，そこで子どもたちの割合の考え方を利用できるかどうかを問うている。

(岡本)

II-22　転移可能な学力

　学校教育では，児童・生徒に教えた知識や技能は，それを学んだ当該の課題や教科にだけ適応できるようになるだけではなく，他の学習課題や教科にまで応用できるようになってほしいという目標をもっている。たとえば，数学教育では，「事象を数理的に考察する能力」や「数学的な見方や考え方」，「数学的に処理する能力」などの数学的思考力の育成が期待されているだけでなく，そこで身につけた数学的思考力は，日常的な場面においても活用できる力として育成されることが望まれている（加藤ら，2003）。しかしながら，実際の理数科系教育の現状を見ると，知識や技能の側面では成果が上がっているが，知識や技能を一歩深めた考え方などの思考の側面では十分な成果が上がっているとは言い難いようである。言い換えると，教科書や練習問題として与えられるような問題場面では，学習した知識や技能を使うことができるが，それを他の課題や日常的な場面にまで転移可能な学力として育てるというレベルには至っていないといえるだろう。

　実際，西森・岡本・三宮・加藤（2005）では，国公立大学の学生175名に対して，図II-15に示したような方法で，高校までに学習した数学問題を適用可能な日常的場面を書かせたところ，約半分の学生しか利用できる場面を算出することができなかった（図II-16）。これらの学生のセンター試験の数学の点が非常に高い学生たちであることを考えると，学校での数学に十分に習熟している生徒でさえ，それらの数学的思考を他の日常的な場面に転移させることはほとんどできないのである。

　学校教育が真に意味のあるものになるためには，学校場面で学習した内容を，それとよく似た場面や課題で使えるだけでなく，より日常的な場面においても利用できるようなものとして獲得させることができるようになっている必要がある。このためには，図II-17に示したような，単元の学習で得た知識を構造化し直し，その構造化された知識を利用するような活動を取り入れることが必要ではないだろうか。

Ⅱ-22 転移可能な学力

①小数や分数,あるいは文字を使った式を計算することなどは,日常生活に役に立つと思いますか?
1(全く役に立たない)・2(役に立たない)・3(どちらでもない)・4(役に立つ)・5(とても役に立つ)
②式の計算で役に立つのは,どんな問題がどんな場面にですか?

| どんな問題? | ⇒ | どんな場面? |

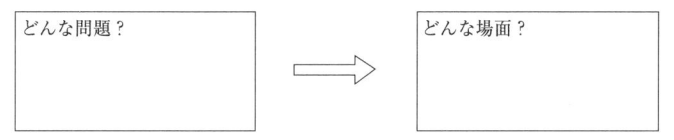

図Ⅱ-15 西森ら(2005)が用いた調査項目

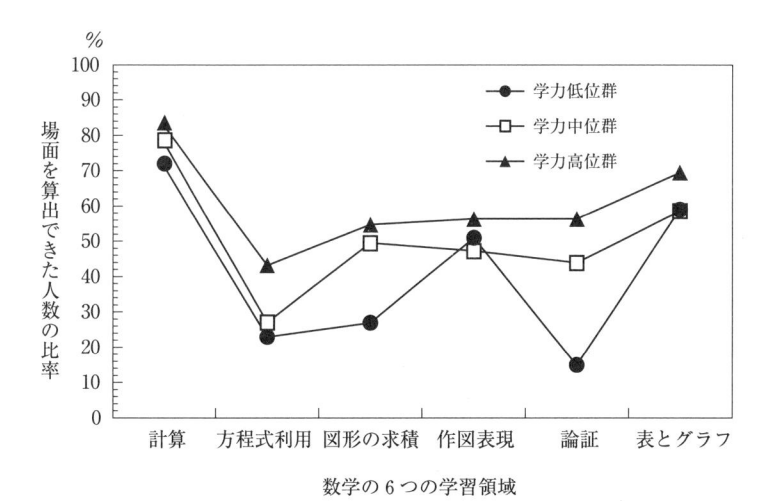

図Ⅱ-16 数学の学習内容を適用可能な場面の産出（西森ら,2005より作成）

▶計算を除くと,数学での学習内容と現実の場面が結びついているとはいえないようであり,特に,学力低位群ではその傾向が強い。

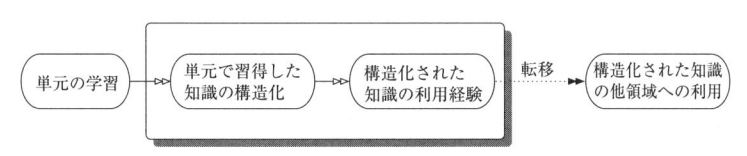

図Ⅱ-17 学校学習から転移を導くためのモデル

▶現在の教育では,単元の学習はある程度の成果が上がっているが,上図で四角で囲んだ部分についてはまだ取り組みが遅れている。

(岡本)

Ⅱ-23　生きる力と学力の構成要素

　最近，ブルーアー（Bruer, 1993）は，新統合理論という学力の新しい考え方を提唱している。この新統合理論では，学力を，①問題を解くときには類似した問題から解法を類推するなどの一般的方略，②分母の違う分数の足し算では通分してから計算するなどの領域固有知識，そして③自分自身への意識的気づきであるメタ認知（Ⅰ-22 参照），の3つの要素から構成されていると考えている。すなわち，新統合理論では，一般的方略，領域固有知識，そしてメタ認知が学力を構成する要素であり，この3つを子どもたちに教えるべきであるとしている。

　これに対して，図Ⅱ-18に示した，確かな学力の内容としては，「思考力，判断力，表現力，課題発見能力，学び方，問題解決能力，知識・技能，学ぶ意欲」の8つが挙げられている。このような2つの考え方には全く接点がないようにも見えるが，岡本・加藤・西森・三宮（2003）が指摘するように，学力を心のはたらきの構成要素からとらえる視点を導入することで，確かな学力と新統合理論との対応づけが可能になる。つまり，図Ⅱ-19に示したように，問題解決能力であっても，学び方であっても，それらは，一般的方略と領域固有知識とメタ認知の組み合わせによって構成されていると考えることができる。

　新統合理論から，現在の学力問題を考えてみると，知識詰め込み型と批判されるような機械的に暗記した知識はもっているが，それらの知識や技能を十分に活用できるレベルに達している子どもの学力状態というのは，図Ⅱ-19左に示したような領域固有知識だけが伸びた状態であり，一般的方略とメタ認知という不可欠の要素が伸びていない状態であり，このような状態の学力は有機的に機能できない。たとえば，計算技能を教えてもそれを文章題解決の場面に適用できないような子どもの学力状態が，まさにこの状態である。

　これに対して，一般的方略，領域固有知識，メタ認知の3つの構成要素がともに伸びている学力状態（図Ⅱ-19右）では，獲得した領域固有知識をいつどのように適用すればよいか理解できるレベルにまで到達しているので，さまざまな課題遂行が効率的になり，しかもメタ認知による意識的な気づきによって自分自身の学習活動を制御することができるようになるのである。

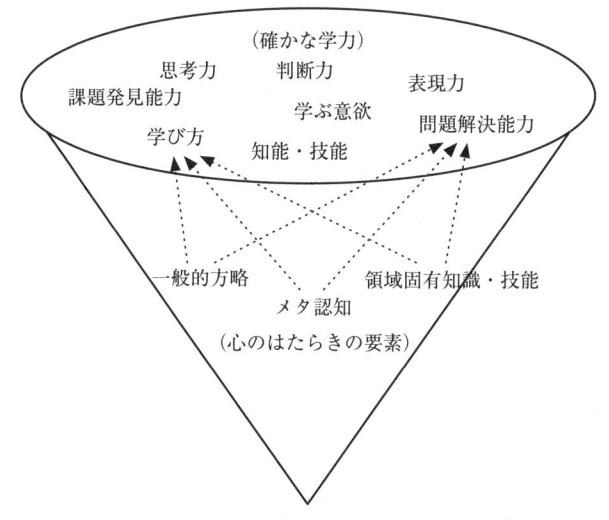

Ⅱ-23 生きる力と学力の構成要素

図Ⅱ-18 新統合理論からとらえた学力の構造

▶思考力や問題解決能力というものは，認知心理学的な見方をすれば，一般的方略と領域固有知識とメタ認知の3つが複合した能力だと考えられる。

a. 領域固有知識だけが伸びた学力

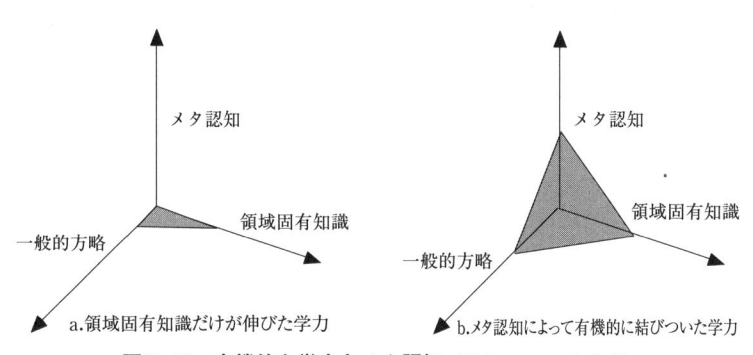

b. メタ認知によって有機的に結びついた学力

図Ⅱ-19 有機的な学力とメタ認知（岡本，2004より作成）

▶それぞれの教科の知識や技能もメタ認知があることで，いつ・どのように使えばよいのかがわかり，有効な知識や技能となる。

（岡本）

II-24　小学校におけるメタ認知を育てる指導

　メタ認知は，発達的に獲得される能力であり，幼児期や就学直後の児童のメタ認知は未熟な状態である。大人とほぼ同等のメタ認知能力を獲得するのが12,3歳から15歳ぐらいであると考えられているので，小学校期はちょうどメタ認知能力が著しく発達する時期に重なっている。

　児童期におけるメタ認知の発達プロセスを図II-20に示した。縦軸は，制御の主体であり，発達にともなって親や教師による他者制御の状態から自分自身での自己制御へと変化していく。横軸は，メタ認知の対象となる認知活動の領域固有性であり，領域普遍の認知活動に対するメタ認知から領域固有の認知活動に対するメタ認知へと変化していく。つまり，小学校期におけるメタ認知の発達は，他者制御から自己制御へ，領域普遍から領域固有へと2つの軸で変化していく。

　2つの軸の交差する箇所には，学年ごとの目標とすべきメタ認知の状態を示した。低学年では，メタ認知が未熟なので，他者によるメタ認知モニタリングやメタ認知制御を体験させることで，メタ認知の有効性に気づかせることが目標となる。中学年になれば，読む，記憶するなどの日常的な学習活動において，自分自身で意識的にメタ認知をはたらかせることができるようになることが目標となる。そして，高学年では，複雑で困難な課題である問題解決などにおいて，自分自身で意識的にメタ認知をはたらかせ，自分で間違いに気づき，それを修正することができるようになることが目標となる。

　まとめると，メタ認知を育てるための指導は，①他者制御から自己制御へ，②領域普遍から領域固有へ，の2つがポイントとなる。指導の具体例を表II-11に示したが，前者に関しては，メタ認知が未熟な状態では他者による制御によって学習活動をコントロールすることから始めて，徐々に自分自身での制御へと移行できるように指導していく必要がある。後者に関しては，まずは学習内容の記憶や学習の仕方など一般的な学習活動に対してメタ認知をはたらかせることから始めて，算数の文章題解決や作文など特定の課題に対してメタ認知をはたらかせられるように指導していく必要がある。

Ⅱ-24　小学校におけるメタ認知を育てる指導

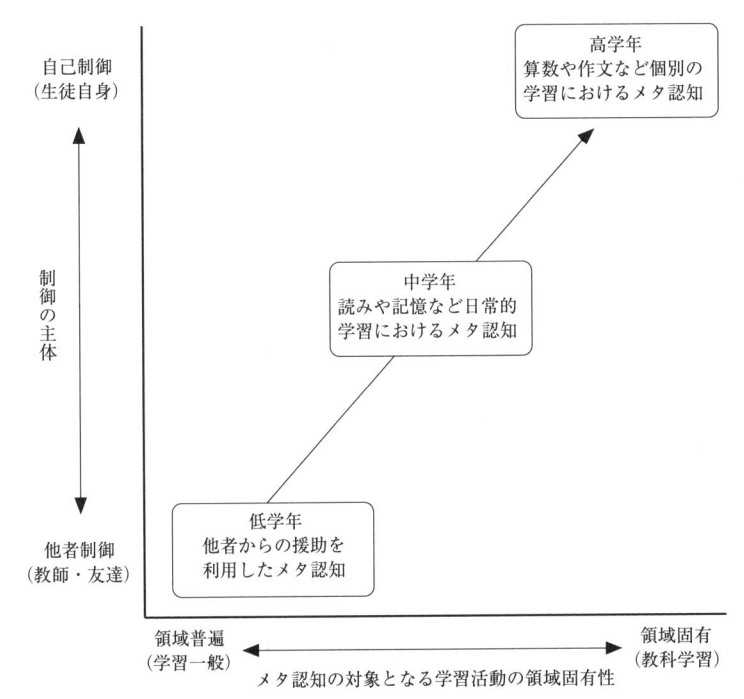

図Ⅱ-20　メタ認知の発達プロセス

（縦軸：制御の主体　自己制御（生徒自身）↔他者制御（教師・友達）／横軸：メタ認知の対象となる学習活動の領域固有性　領域普遍（学習一般）↔領域固有（教科学習））

- 低学年：他者からの援助を利用したメタ認知
- 中学年：読みや記憶など日常的学習におけるメタ認知
- 高学年：算数や作文など個別の学習におけるメタ認知

▶メタ認知は児童期に著しく発達するので，6年間では指導のポイントや目標とする児童の状態も違っていることに注意する必要がある。

表Ⅱ-11　メタ認知指導のための学習活動例

指導のポイント	学習活動例
他者制御から自己制御へ	ある児童の発表を聞いて，どのような点を改善すればよいのかを教師や友人が指摘するような活動は他者制御の場面となっているので，このような活動を通して，自分自身で発表の仕方を工夫できるような自己制御の力を育てていく
領域普遍から領域固有へ	大切なところには線を引くなどのメタ認知は国語でも算数でも用いることができる一般的なものであるので，このような一般的なメタ認知から指導を始めて，少数の割り算の時は小数点の位置に注意しながら検算するなどといった特定の課題に有効なメタ認知を育てていく

（岡本）

Ⅲ
学習者の認知にあった教育の技術

1. 映像を活用した指導法……*102*
2. 学習教材としてのコンピュータの活用……*104*
3. 道具としてのコンピュータの活用……*106*
4. 問題解決能力を育てる ITS……*108*
5. VR を活用した疑似体験学習……*110*
6. プレゼンテーションを支援する技術……*112*
7. 学習の社会的文脈と子ども同士の学び合い……*114*
8. 発問の仕方と教師のはたらきかけ……*116*
9. 誤答をいかした指導……*118*
10. 特別なニーズのある子どもへの支援……*120*
11. 第1言語を保障する特別支援……*122*
12. 日本語が難しい学習者の支援……*124*
13. 音声言語の使用が難しい子どもの特別支援……*126*
14. 手話や指文字を使用する学習者の特別支援……*128*
15. 視覚に障害がある学習者の特別支援……*130*

Ⅲ　学習者の認知にあった教育の技術

Ⅲ-1　映像を活用した指導法

　学習場面において，どうしても時間や場所の制約に悩まされる場合がある。たとえば，社会科の歴史の授業で，金閣寺や銀閣寺など，鎌倉時代に建てられた建造物について学習する際，もっとも効果的であると考えられるのは，実際に，その建造物のある場所に行って，それを見ることである。しかしながら，さまざまな制約のある状況では，ことあるごとに実際のものを見に行くということは，簡単にできることではない。

　このような場合，実際の体験にできるだけ近い具体的な体験をする方法として，映像を活用するという方法がある。映像を活用した学習指導は，時間や場所などの制約から解放されるというメリットだけでなく，Ⅰ-4 で述べられているとおり，実際の体験に近い具体性をもつため，学習者の理解を促すというメリットも有するため，かなり以前から，IT機器が普及した現在に至るまで，学校教育の現場でよく使われている。

　たとえば，河川の出水という現象は，現場で観察するには大雨や台風の時期を待つ必要があるなど，臨場のタイミングを合わせることが難しく，さらに，そのような状況下に身を置くには危険を伴う。このような現場体験のきわめて難しい現象を題材として，環境教育を行うために，吉冨ら（2003）は，次のような映像コンテンツを作成し，その効果を検証している。作成されたのは，河川の出水現象を網羅的に観察できるように，高所，水面，水中において記録した映像を組み合わせ，同時に複数の画面が小学校高学年の児童に提示された。その結果，フィールド観察よりも現象に関する多くの情報を伝達できたことが示されている。

　このように，映像を活用した学習指導は有効であると考えられるが，活用における最大の問題が，教材とする映像をどのように用意するかである。市販されている映像教材は種類も豊富だが，購入コストが大きいというデメリットがある。そこで，ひとつの解決手段として，右の表に示したような，インターネット上で無償で提供されている教育用映像を利用することが挙げられる。

Ⅲ-1 映像を活用した指導法

表Ⅲ-1 IPA（独立行政法人 情報処理推進機構）が提供する教育用画像素材のリスト（大項目）
http://www2.edu.ipa.go.jp/gz/edu-index.html

地球観測衛星から見た世界の地形	体育（球技）
地球観測衛星から見た県庁所在都市	和楽器
みつめよう私たちの国土	国際理解
伝統的工芸品	介護
日本の祭り	手話
歴史記録映像	基本語彙・シンボル
植物の微速度撮影	動作語
身近な昆虫・動物や植物と自然環境	おりがみ
理科　実験・観察集	動物
理科　地球と宇宙	能と狂言
自然現象	匠の技と心
CGで見る生物のしくみとはたらき	動作で学ぶ初めての英語
三内丸山遺跡（縄文時代）	中学数学
吉野ヶ里遺跡（弥生時代）	技術
縄文人の顔と骨格	家庭科
調べてみよう！日本人のくらしの移り変わり	食のテーマ
古文	食のパーツ
情報	オーケストラの楽器
インターネット美術館	文楽（人形浄瑠璃）入門
体育	環境指標となる生き物
体育（水泳）	身のまわりの植物

▶表に示されているリストは階層構造になっており，大項目である各項目をクリックしながら，階層を下りていくと，静止画や動画，もしくはWebページへのリンクを見つけることができる。

(北神)

Ⅲ　学習者の認知にあった教育の技術

Ⅲ-2　学習教材としてのコンピュータの活用

　シミュレーションとは，ひと言でいえば，模擬実験あるいは模擬体験であり，ある現象を模擬的に再現したり，あるいは，現実に想定される条件を取り入れて，実際に近い状況を作り出すことである。たとえば，自然現象の中には，一過性のもので再現が難しかったり，現象の生起が速すぎたり遅すぎたり，あるいは，現象そのものが大きすぎたり小さすぎたりして，実際に観察や実験を行うことが難しいものがたくさんあり，学習内容に，こういった現象が含まれる場合は，コンピュータを用いたシミュレーションが非常に効果的であると考えられる。

　だが，そもそも，Ⅲ-1 で，映像による河川現象のシミュレーションを取り上げたように，コンピュータでなくとも，VTRなどの映像で十分であるという考え方もできる。しかし，映像は，情報の流れが一方向的であり，たとえば，条件を変えるとどうなるかという実験的な要素を付け加えることは難しい。それに対して，コンピュータは，そもそも，情報の流れが双方向的であり，これが大きなメリットであると考えられる。つまり，条件をさまざまに変化させて，仮想の実験を行うというようなことが，比較的簡単にできる。

　越桐（2005）は，高等学校の物理の授業において，コンピュータを用いたシミュレーションの実践を行っている。扱ったテーマは，現在の高等学校の物理Ⅱの教科書で定性的にふれられている，空気抵抗のある場合の落下運動であり，表Ⅲ-2にあるように6時限から構成される授業計画を案出している。この授業計画のポイントは，シミュレーションだけでなく，その結果を，実際に行う簡単な実験結果と比較することであり，このような工夫をすることによって，学習に対するシミュレーションの有効性が高まると考えられる。

　最近では，このようなシミュレーションソフトは，学習指導用に開発された市販のものだけでなく，Web（Vector　http://www.vector.co.jp/，窓の杜 http://www.forest.impress.co.jp/など）上に公開されているフリーウェア，シェアウェア形態のものまで，さまざまなものがある。

104

Ⅲ-2　学習教材としてのコンピュータの活用

表Ⅲ-2　授業計画「空気抵抗のある場合の落下運動」
(越桐，2005より作成)

第1時限	エクセルとグラフ
第2時限	変位から速度を求める
第3時限	運動方程式を解く
第4時限	速度に比例する抵抗
第5時限	カップの終端速度（実験）
第6時限	数値実験による空気抵抗の法則

▶上に示されているのは，越桐（2005）が作成した高等学校物理の授業の「空気抵抗のある場合の落下運動」に関する授業計画である。6時限からなるこの授業のポイントは，コンピュータシミュレーションを用いていることにあるが，それだけでなく，5時限目にあるように，実際に簡単な実験を行って，その結果をシミュレーションの結果と比較するという工夫もなされている。

(北神)

Ⅲ-3　道具としてのコンピュータの活用

　ひと昔前であれば，コンピュータを利用した教育といえば，CAI（Computer Assisted Instruction），もしくは，CMI（Computer Managed Instruction）といった形態ぐらいしか見受けられなかったが，初等中等教育の現場では，ここ数年でコンピュータなどの情報機器が急速に普及していることに伴って，コンピュータを思考や表現の道具として活用するという形態が多く見受けられ，情報教育の重要な柱となっている。Ⅲ-4で挙げられている ITS（Intelligent Tutoring System）についても，効果的である報告がいくつもなされており，参照されたい。

　というのも，文部科学省（2002）によれば，初等中等教育における情報教育では，①情報活用の実践力，②情報の科学的な理解，③情報社会に参画する態度という3つの要素から成る「情報活用能力の育成」が情報教育の目標となっているからである。図Ⅲ-1は，系統的・体系的情報教育のイメージ図であり，道具としてのコンピュータの活用（図中の「情報操作能力，活用するソフトウェア等」）は，右列にあるとおり，小学校から高校まで一貫して想定されている。

　説明するまでもなく，コンピュータは，ソフトウェアによって，さまざまな道具に変化する。たとえば，Web ブラウザを使って，さまざまな情報を調べ，学習者自らが，デジタルカメラやデジタルビデオカメラを使って取材してきたものを，画像加工ソフトやオーサリングツールで編集したり，それをワープロソフトで文書にまとめたり，プレゼンソフトを使って発表をしたり，といったいろいろな活用がある。学習には，さまざまなレベルでの活動や行為があるが，そのほとんどについて，道具としてのコンピュータを介在させることができると考えてもよいぐらい，さまざまな使い方ができる。

　しかしながら，ここで重要なのは，コンピュータを道具として活用する教育において，教育目標や学習目標は，コンピュータそのものにはない，ということである。つまり，コンピュータを道具として使えるようになる，ということが目標なのではなく，結局のところ，道具として使って何ができるか，ということが，目標として設定されていなければならない。

Ⅲ-3　道具としてのコンピュータの活用

系統的・体系的情報教育のイメージ図

○ 情報教育の目標（情報活用能力の育成）
 1　情報活用の実践力　　　2　情報の科学的な理解　　　3　情報社会に参画する態度
○ 各学校段階における情報教育

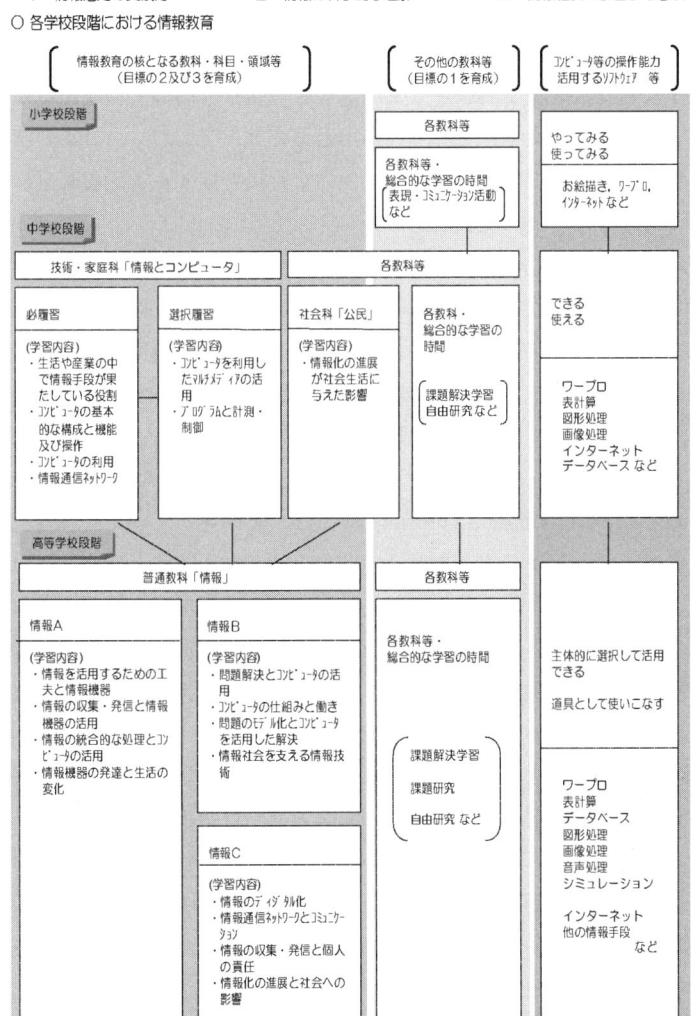

	情報教育の核となる教科・科目・領域等（目標の2及び3を育成）	その他の教科等（目標の1を育成）	コンピュータ等の操作能力 活用するソフトウェア 等
小学校段階		各教科等 各教科等・総合的な学習の時間 〔表現・コミュニケーション活動 など〕	やってみる 使ってみる お絵描き, ワープロ, インターネット など
中学校段階	技術・家庭科「情報とコンピュータ」 必履修 （学習内容） ・生活や産業の中で情報手段が果たしている役割 ・コンピュータの基本的な構成と機能及び操作 ・コンピュータの利用 ・情報通信ネットワーク 選択履修 （学習内容） ・コンピュータを利用したマルチメディアの活用 ・プログラムと計測・制御	各教科等 社会科「公民」 （学習内容） ・情報化の進展が社会生活に与えた影響 各教科・総合的な学習の時間 〔課題解決学習 自由研究 など〕	できる 使える ワープロ 表計算 図形処理 画像処理 インターネット データベース など
高等学校段階	普通教科「情報」 情報A （学習内容） ・情報を活用するための工夫と情報機器 ・情報の収集・発信と情報機器の活用 ・情報の統合的な処理とコンピュータの活用 ・情報機器の発達と生活の変化 情報B （学習内容） ・問題解決とコンピュータの活用 ・コンピュータの仕組みと働き ・問題のモデル化とコンピュータを活用した解決 ・情報社会を支える情報技術 情報C （学習内容） ・情報のディジタル化 ・情報通信ネットワークとコミュニケーション ・情報の収集・発信と個人の責任 ・情報化の進展と社会への影響	各教科等 各教科等・総合的な学習の時間 〔課題解決学習 課題研究 自由研究 など〕	主体的に選択して活用できる 道具として使いこなす ワープロ 表計算 データベース 図形処理 画像処理 音声処理 シミュレーション インターネット 他の情報手段 など

図Ⅲ-1　系統的・体系的情報教育のイメージ図（文部科学省, 2002より作成）

（北神）

Ⅲ-4　問題解決能力を育てるITS

　国際学力比較のデータからは，日本の子どもたちの問題解決能力の低さが指摘されている。たとえば，算数の場合には，計算などの技能の正確さを問われるような問題では成績が高いが，文章題などのような問題では成績は高いとはいえない。これは，文章題を計算の応用としてとらえており，計算の指導には力を入れるが，文章題などの問題解決能力を直接育成するような教育には力を入れてこなかったという現状がある。

　しかしながら，最近では，教科書にも生徒自身が問題を作問するような学習が取り入れられるようになっており，問題解決能力の向上に向けた取り組みも広がっている。作問学習を行う場合には，一人ひとりの生徒が異なった問題を作ることもあり，それが正しい作問になっているのかどうかを教師が一人で判断しながら，指導していくことは難しい。

　横山・平嶋・岡本・竹内（2007）は，図Ⅲ-2上に示したような作問学習支援のためのITS（Intelligent Tutoring System）を開発している。このシステムは，学習者に，あらかじめ「あわせていくつ」になる問題を作ろうというテーマを与え，その問題を作るために適当な問題文や適当でない問題文をあわせて提示する。その中から，学習者は，適当な問題文を選択して，作問を行っていく。学習者が作った問題が間違っていれば，図Ⅲ-2下に示したような解説が提示され，どこが間違っているのかを教えてくれる。

　彼らのグループでは，このシステムを2カ月間，小学校2年生の教室に配置して，その効果を検証している。この実践では，授業としてこのシステムを利用するのではなく，休憩時間中に子どもたちが自由に利用するという形で進められた。その結果，図Ⅲ-3に示したように，成績の低い子どもたちの中でも，作問システムを多く利用した子どもたちは，成績が伸びており，システムを利用することで問題解決能力が高くなることが実証された。

　学習到達度の違いにあわせて，異なった課題を与え，学習者の反応の違いに応じて解説を与えるといった部分では，このようなITSを効果的に利用することで，児童・生徒を同じ到達度に導くといったことが可能になるであろう。

Ⅲ-4　問題解決能力を育てるITS

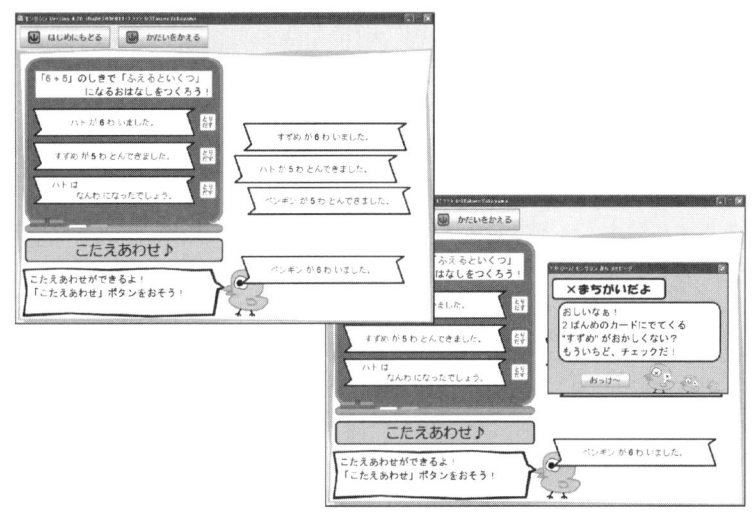

図Ⅲ-2　作問システムの画面

▶子どもたちは，右のカードから適当なカードを選んで，文章題の作問練習を行う。子どもたちの作った問題が間違っているときには，コンピュータが誤りであることと，なぜ誤りであるのかを解説してくれる。

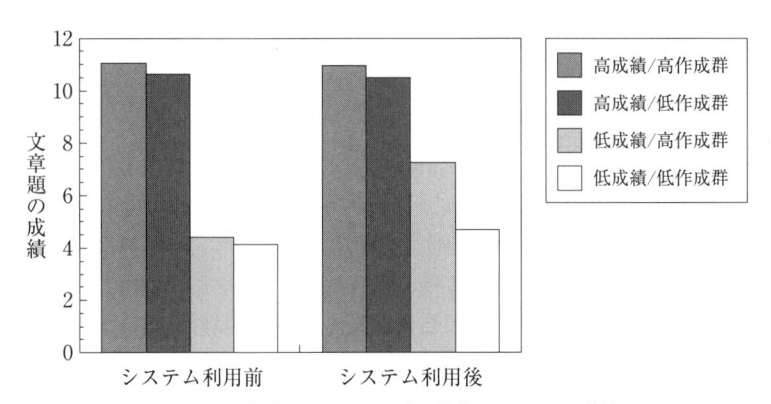

図Ⅲ-3　作問システムの利用前後でのテスト成績

▶休憩時間中の自発的利用だけにもかかわらず，作問システムを利用する前と後では，成績の低い子どもでも作問システムを多く利用している子どもたちの成績が伸びている。

(岡本)

Ⅲ-5　VRを活用した疑似体験学習

　実際には経験することが難しいことを，疑似体験することによって学習する方法は，最近の情報技術の革新や教育メディアの開発によって可能になりつつある。たとえば，空気抵抗や摩擦のない理想空間に入り込んで，物理学の運動原理を疑似体験することは技術的に可能である。また，医療の世界でも手術の技術向上のためにVR（バーチャル・リアリティ）によるシミュレーションが用いられている。アメリカ合衆国で開発された外科手術シミュレータでは，ディスプレイを見ながら，実際のメスなどを操作して，血管縫合のシミュレーションが可能になっている。手術器具の先にはハプティックデバイスという装置が着けられており，それによって仮想空間上の位置を調べ，実際の手術時と同じような触感が得られることになる。このような領域では，技能の未習熟は生死にかかわることであり，VRを用いた教育プログラムが何よりも有効であると考えられる。

　VRとは，身体や頭の動きに合わせて，コンピュータで作成された3次元の画像が，ヘルメット型の装置（図Ⅲ-4）やメガネ型の装置などに提示されるもので，体験者はその空間内に入り込んだかのような仮想現実の感覚が得られる。また，データグローブ（手の動きなどを検知する装置），データスーツ（身体の動きなどを検知する装置）などを身に付けることによって，仮想空間の中で物に触れたり，移動したりといったことが可能になる。

　Fruland, Winn, Oppenheimer, Sarason, & Stahr（2002）は，海洋学で得られた調査究結果を活用してコンピュータ・グラフィクスで3次元の映像（図Ⅲ-5）を生成し，さまざまな自然条件でのシミュレーションを可能にした。学習者はこの仮想現実の海にもぐりこみ，海水の流れの速さやその向きを疑似体験するだけでなく，塩分の濃度などをディスプレイに示される数値から読み取ることができる。

　従来のような教師から学習者への一方向の情報の伝達ではなく，学習者が今まさに必要としている情報を，臨場感を伴って提示することは，教育効果を向上させるものとして，非常に有効であると考えられる。マルチメディアやVR体験学習は，今後も技術革新がさらに進んで，装置や教材が安く手に入るようになれば，教育現場でかなりの普及が予想される。

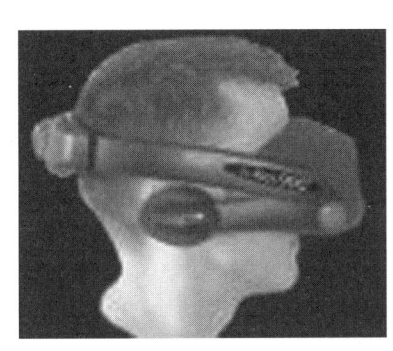

Ⅲ-5　VRを活用した疑似体験学習

図Ⅲ-4　ヘルメット型の装置

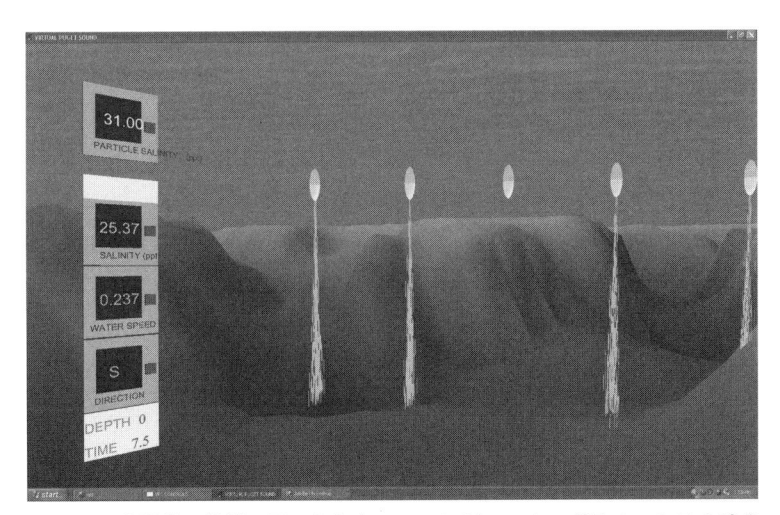

図Ⅲ-5　海洋学の教材で用いられた3Dコンピュータ・グラフィクスの映像の具体例
▶仮想的な海中での人間の動きに合わせた形で，海中の各地点での海水の流れや塩分濃度などが表示される（画像提供は，ワシントン大学ハンター博士）。

(井上)

Ⅲ　学習者の認知にあった教育の技術

Ⅲ-6　プレゼンテーションを支援する技術

　どの授業においても，生徒による「発表」という要素は，学習にとって，なくてはならないものである。しかしながら，堀口（2001）が指摘するように，発表は，どちらかというと内容面を重視しながら，「何を言ったか」を問題にする活動であり，高度情報化社会とよばれて久しいこの現代において，情報の発信という観点から考えると，これだけでは不十分である。そこで，近年では，堀口（2001）が，「どれだけ相手に伝わったか」が問題にされる活動であると指摘する「プレゼンテーション」ということばが，学校教育の中でもなじみ深くなってきたように，さまざまな形で，プレゼンテーションに関する知識や技能を身につけさせる教育がなされている。

　プレゼンテーションは，大きく分けて，情報の収集・加工・提示という3つのプロセスから成り立つ。「プレゼンテーション＝パワーポイント」と考える人も多いように，情報の提示において，マイクロソフト社のパワーポイントは，プレゼンテーション用のソフトウェアとしては，普及率も高い。しかし，小学校の現場でこれを使うとなると，操作の難易度から考えて，ややハードルが高い。こういった場合には，右頁に示したように，小学生向きのプレゼンテーション用ソフトウェアが，いくつか市販されているので，これを利用するのもひとつの手である。なお，活用の具体例については，図中の各Webサイトが非常に参考になる。

　ここまで，情報教育の文脈でプレゼンテーションの話を進めてきたが，コンピュータなどの情報機器を使わなければプレゼンテーションではない，ということはもちろんない。上述の通り，プレゼンテーションの本質は，メッセージがどれだけ相手に伝わったかであり，極論を言えば，聞き手をいかに説得できたかである。したがって，プレゼンテーションを指導する場合には，情報機器類の操作に関する指導に限らず，こういった観点からの指導についても十分に考えなくてはならない。

Ⅲ-6 プレゼンテーションを支援する技術

■小学生向きのプレゼンテーションソフトウェアの例
①キューブプレゼン（スズキ教育ソフト）：
 http://www.suzukisoft.co.jp/products/cubepresen/index.htm

②はっぴょう名人3（JUSTSYSTEM）：
 http://www.justsystem.co.jp/school/product/smile/presen.html

③みんなではっぴょう（オリンパスシステムズ株式会社）：
 http://www.olympus-systems.co.jp/product/happyo/index.htm

(北神)

Ⅲ-7　学習の社会的文脈と子ども同士の学び合い

　私たちが，教室で勉強している時，先生からしばしば"自分で考えましょう"とか"友達とは話し合いをせずに解いてみましょう"といった指示を与えられたことを覚えている。そこには，教師を含めた私たちの伝統的な学習観，すなわち，学習とは個人の中で起こるものである，という信念がみてとれる。このような信念のもとでは，学習は一人で行うことが重要なのだと考えられる。

　一方で，私たち人間という生物は，親や兄弟，友達といった他者とのかかわりの中で成長し，それらの他者から多くのことを学ぶ。たとえば，ことばは養育者とのやりとりの中で獲得される。このように考えてみれば，教室という環境の中でだけ学習活動を個人の中だけに制限してしまうのは，そもそも人間がもっている学習能力を阻害しているのかもしれない。

　実際，学校現場では，子ども同士の学び合いを学習活動に取り入れることが多くなってきている。それは，ひとつには，子ども同士がお互いに助け合いながら学ぶことが，社会性の育成につながるといった側面もある。しかしながら，多くの教え合い，学び合い活動で期待されていることは，ある子どもがもっている知識や考え方を，他の子どもが獲得することによって，お互いの学力の伸長を図ることである。

　具体的な，授業場面としては，単元の学習が一通り終わった後に，十分な到達レベルにある子どもが，まだ十分に理解できていない子どもに教えるといった設定が考えられるが，このような場面設定だけでは，学び合いがうまく起こるわけではない。なぜならば，子どもは自分の考え方や知識を正確に表現し，相手に伝えるということが十分にできないからである。たとえば，子ども同士の学び合いのプロセスを考えてみると，図Ⅲ-6ようになるが，このような学習が成り立つためには，子ども自身が自分の理解や知識について十分に気づいている状態（メタ認知が育った状態，Ⅰ-22参照）でなければならない。

　このように考えてみると，図Ⅲ-7に示したような自分自身の学習に気づくメタ認知，表現の力を含めた基礎・基本の習得，そして，友達の発言を受け入れるような学級集団の育成などの日頃からの指導がなければ，学び合いの実践を行うのは難しい。

III-7　学習の社会的文脈と子ども同士の学び合い

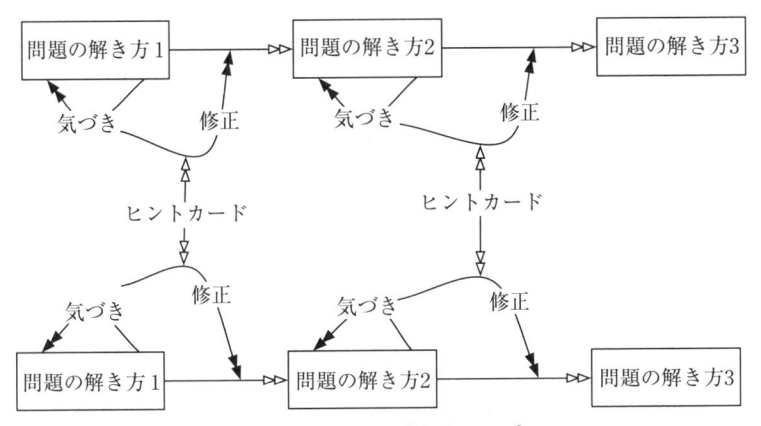

図III-6　子ども同士の教え合いのプロセス
▶子どもが教え合うためには，自分の解き方やもっている知識について十分な理解がなければ，教え合うような学習活動を設定しても，効果的な教え合いにはならない。

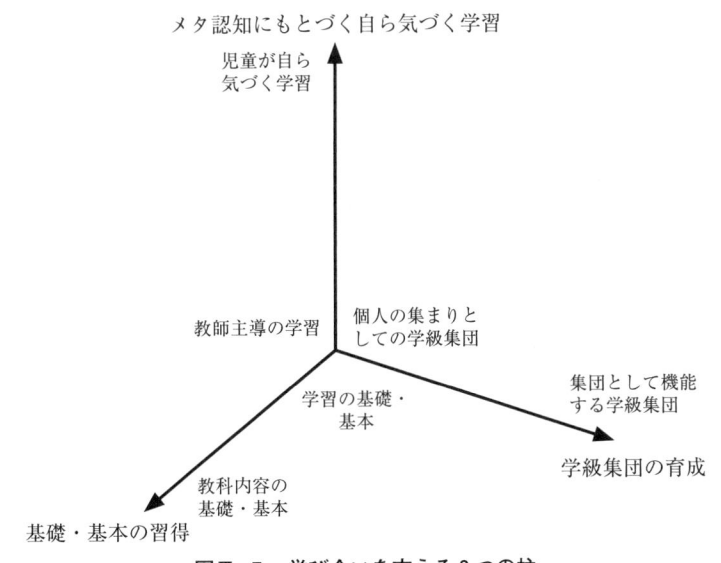

図III-7　学び合いを支える3つの柱
▶学び合うためには，学び合ったり伝え合ったりするような学習場面を設定するだけでは不十分であり，その実践を支えるための日々の指導が重要である。

(岡本)

Ⅲ-8　発問の仕方と教師のはたらきかけ

　授業の中で教師が発する発問によって，授業の流れが大きく変わる。子どもを授業にぐっと引き込むような発問をどのように発していけばよいのか，教師は日々の授業の中で悩んでいる。このことに対して，ただひとつの答えがあるわけではないことを承知で，一つの例を参考にしながら考えを述べてみる。

　表Ⅲ-3は，小学校2年生のクラスでの国語の研究授業の流れを示したものである。この授業は，一人ひとりの子どもが自分なりの意見を発表できるようになることを目標として計画された。この授業においては，教師は，最初に図Ⅲ-8を黒板に掲示した後，"この絵は何に見えますか？"という発問を行った。教師は，この発問によって，子どもたちが積極的に自分なりの見え方を発表するだろうと予測していた。しかし，実際には，子どもたちは，何を問われているのかわからないように，その授業を見学していた私には見えた。なぜならば，子どもたちにとっては，見えているものでしかないので，それ以上に何かを見いだすということに考えがいたらないとしても当然だからである。しかし，その後，この教師は，"先生は5つの見え方をします"という発言を行った。この時，子どもたちは，エッと言う顔をしたが，その後すぐに，子どもたちはさまざまな発言を行うようになり，授業に集中していった。

　最初の発問では，動かなかった子どもの心が，次の発言で，動いたのはなぜだろうか。それは，子どもの思考が十分ではないことを教師の"5つ見えます"という発言が明確にしたからだと思われる。つまり，自分はひとつの見え方しかしていないが，それでは不十分であるということに子どもが気づいたことによって，この課題に子どもがのめり込んでいったのである。

　教師のはたらきかけの重要なポイントの一つは，結局，「子どもにエッと思わせること」，言い換えると，子ども自身の不十分さに気づかせることなのではないだろうか。ベテラン教師の子どもとのかかわりを見ていると，教師は，子どもの発言の不十分さを教師自らがはたらきかけることによって，子どもに気づかせながら指導していることに気づく。このようなはたらきかけが，子どもを育てることにつながるだろう。

Ⅲ-8　発問の仕方と教師のはたらきかけ

表Ⅲ-3　国語の授業での流れ

学習活動	指導上の留意点	評価項目
1．教科書の形を見て，何に見えるかを考える		
2．自分で考えたことを話す	○児童の見立てた内容を肯定し，自信をもって発言できるようにする	形を見て，思いついたことを進んで発言しようとしているか
3．友達の話を聞いて，「なるほどな」，「おどろいたな」と思うことや，「どうしてかな」と思うことを出し合う	○友達の発想のおもしろさに気づかせるようにする	友達の意見を聞き，どうしてそう見えるか考えようとしているか

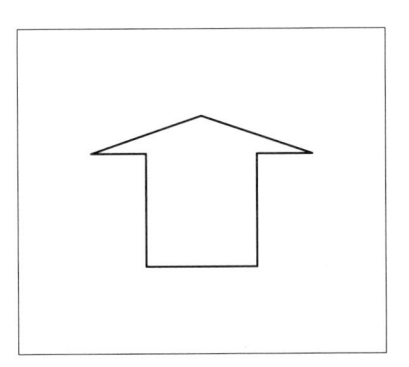

図Ⅲ-8　授業の最初に教師が提示した画像

（岡本）

III-9　誤答をいかした指導

　認知心理学には，誤答分析とよばれる研究手法がある。これは，ある課題を行わせて，その課題遂行の中で得られた誤答を分析することで，課題をどのように解いたのかということを明らかにしようというものである。誤答はまさしく間違った答えであるのだが，私たちはでたらめに課題を行ったためにその誤答にたどり着いたわけではなく，その人特有のやり方で課題を遂行した結果が誤答であったと考えることができる。このように考えると，誤答を調べてみることで，その誤答に至った課題遂行の道筋を明らかにできる（図III-9）。

　ブラウンとバートン（Brown & Barton, 1978）は，小学生が行う引き算の誤答を分析した結果，図III-10に示したような典型的な3つのタイプの誤答を発見した。そして，それらの誤答を導く小学生の引き算方略を明らかにした。"(a)大きいほうから小さいほうをゼロからかりる"方略を使用する子どもは，いつも大きい数から小さい数を引くことによって計算している。"(b)ゼロからかりる"方略を使用する子どもは，上の桁からかりて引く場合に，0からかりてしまうことで計算している。"(c)ゼロを超えてかりる"方略を使用する子どもは，かりてくる桁の数が0の時，もう一つ上の桁からかりてくることによって計算している。

　このようにみてくると，誤答にも一定のパターンがあることがわかる。すなわち，学習者は自分なりの誤ったやり方で問題を解いており，その誤ったやり方を発見し，修正することが重要な指導のポイントである。

　学校現場でも中間テストや期末テストなどの誤答を分析することで，生徒がどのようなタイプの問題で間違いやすいのかを分析し，それを次への指導へと生かしている実践例なども報告されており（北尾，1999），誤答を単なる間違いとして片づけずに，そこから学習者の認知のプロセスを明らかにし，指導へと生かしていくような実践が期待される。具体的には，図III-11に示したように，さまざまな誤答の集合から，いくつかの誤答パターンを見いだし，その誤答パターンを導くと推察される子どもの解き方を解明する。最後に，その誤った解き方を解消する指導の方策を考える，といった手順となる。

Ⅲ-9 誤答をいかした指導

図Ⅲ-9 誤答が産み出されるプロセス

(問題 → 子どもの解き方 → 間違った答え)

```
   (a)      (b)      (c)
   731      307      504
  -452     -168     -199
  ----     ----     ----
   321      239      395
```

図Ⅲ-10 引き算での誤答の典型例 (Brown & Barton, 1978より作成)
▶どの例も子どもたちがよくしてしまう誤りであるが，これらの誤りも彼らなりの理解にもとづいて引き起こされる。

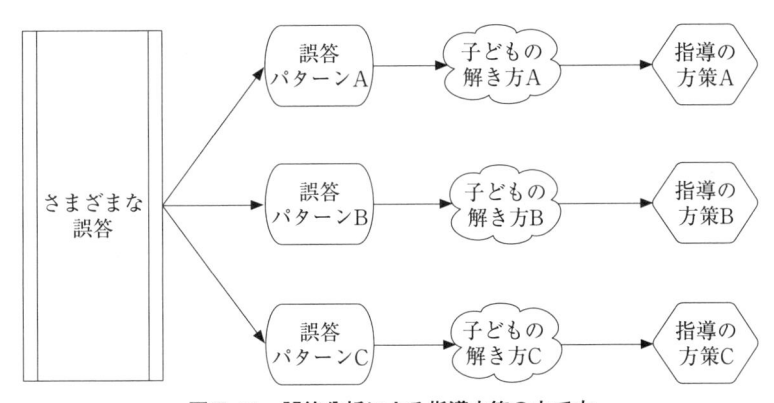

図Ⅲ-11 誤答分析による指導方策の立て方

さまざまな誤答 → 誤答パターンA → 子どもの解き方A → 指導の方策A
さまざまな誤答 → 誤答パターンB → 子どもの解き方B → 指導の方策B
さまざまな誤答 → 誤答パターンC → 子どもの解き方C → 指導の方策C

(岡本)

Ⅲ　学習者の認知にあった教育の技術

Ⅲ-10　特別なニーズのある子どもへの支援

　平成17(2005)年末，中央教育審議会によって，「特別支援教育を推進するための制度の在り方について」という答申が出された。これによると，これまで障害のある幼児・児童・生徒を対象に行われてきた特殊教育から，軽度発達障害をもつ子どもたちを含めた特別支援教育への転換を図るとされている。

　従来は，視覚障害や聴覚障害，知的障害などの障害をもつ児童生徒の自立と社会参加するための資質を培うために，盲・聾・養護学校や，特殊学級あるいは，通級指導において，特殊教育が実施されてきた。しかしながら，これらの特殊教育を受ける児童生徒の数は，年々増加しており，通級指導を受けている子どもを含めると，平成15年度には約20万人程度となってきており，ノーマライゼーションの理念に沿って教育を推し進めていくには新たな対応が迫られていた。一方で，最近では，軽度発達障害児とよばれる，知的能力には著しい遅れがないにもかかわらず，特定の学習に困難を示す児童生徒の存在が注目されるようになってきている。文部科学省が担任に行った調査によると，LD，ADHD，高機能自閉症等の軽度発達障害の可能性をもち，通級指導を受けている児童生徒の数は，小中学校をあわせると約68万人にものぼる（図Ⅲ-12）。特別支援教育では，図Ⅲ-13に示したように，乳幼児期から青年期にいたる継続的なサポートを，学校教育と福祉との連携の中で行っていくことを目的としており，その動向が注目されている。

　これまで特殊教育で対象としてきた児童生徒も障害の程度はさまざまであり，教師は障害の程度にあった指導が求められてきた。これに加えて，軽度発達障害とひとくくりに称されてはいるももの，その特徴はさまざまで，困難を示す教科や課題は一人ひとり違っている。たとえば，LD（Learning Disability：学習障害）では，それぞれ困難を示す課題によって，読み障害や算数障害などとさまざまなタイプが区別されており，必要な指導の方策も異なっている。特別支援教育では，このようにさまざまな特徴をもった子どもを対象とすることとなるので，一人ひとりの児童生徒の障害の特徴とそれに基づく教育的ニーズを的確に把握したうえで，個別の指導計画に基づいた計画的指導がなされていかなければならない。

Ⅲ-10 特別なニーズのある子どもへの支援

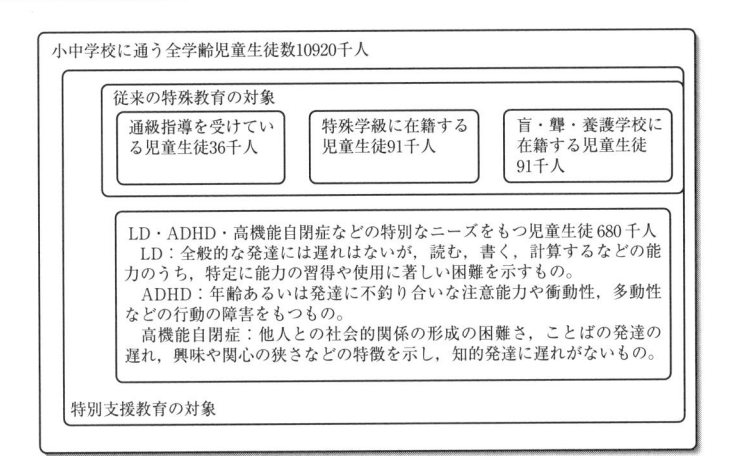

```
小中学校に通う全学齢児童生徒数10920千人
  従来の特殊教育の対象
    通級指導を受けてい    特殊学級に在籍する    盲・聾・養護学校に
    る児童生徒36千人      児童生徒91千人       在籍する児童生徒
                                              91千人

  LD・ADHD・高機能自閉症などの特別なニーズをもつ児童生徒 680千人
    LD：全般的な発達には遅れはないが，読む，書く，計算するなどの能
  力のうち，特定に能力の習得や使用に著しい困難を示すもの。
    ADHD：年齢あるいは発達に不釣り合いな注意能力や衝動性，多動性
  などの行動の障害をもつもの。
    高機能自閉症：他人との社会的関係の形成の困難さ，ことばの発達の
  遅れ，興味や関心の狭さなどの特徴を示し，知的発達に遅れがないもの。

特別支援教育の対象
```

図Ⅲ-12　特別支援教育の対象範囲（文部科学省，2005より作成）
▶これまでの特殊教育で対象とされてこなかったLD・ADHD・高機能自閉症などの児童生徒を含めて，特別な教育的ニーズをもつ子どもに対して，適当な教育的指導を行えるような耐性をめざしている。

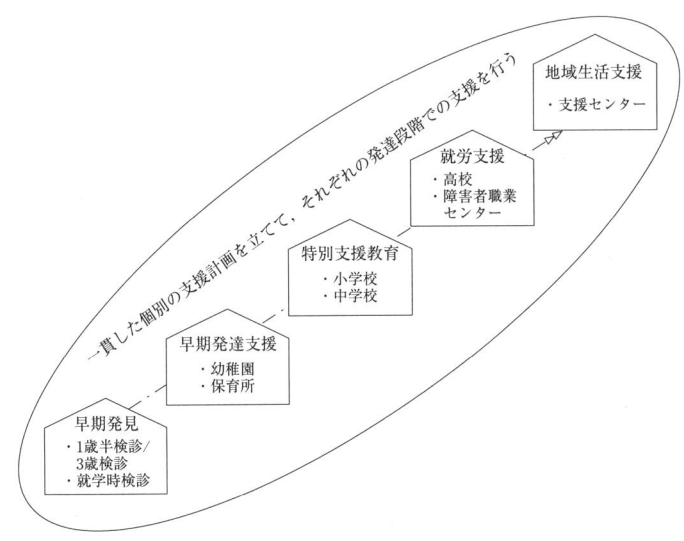

一貫した個別の支援計画を立てて，それぞれの発達段階での支援を行う

- 早期発見
  ・1歳半検診/3歳検診
  ・就学時検診
- 早期発達支援
  ・幼稚園
  ・保育所
- 特別支援教育
  ・小学校
  ・中学校
- 就労支援
  ・高校
  ・障害者職業センター
- 地域生活支援
  ・支援センター

図Ⅲ-13　特別支援教育の体制（文部科学省，2005より作成）
▶乳幼児期での早期発見から，就労・生活支援まで一貫した体制を整備し，支援を進めていく。

(岡本)

Ⅲ　学習者の認知にあった教育の技術

Ⅲ-11　第1言語を保障する特別支援

　日本の学校に在籍する子どもたちにとって,日本語をできるだけ早く習得することは,生活していくうえでも,学校での勉強を円滑に進めていくうえでも重要なことである。しかし,そこには見逃しがちな落とし穴が存在する。それは,母語を失ってしまう危険性である。圧倒的に日本語が優位に使用されている日本において,日本語以外のことばの維持は子どもにとっては非常に難しい課題になる。たとえ家庭内では家族全員が完全に母語を使用したとしてもである。地域では日本語が当然のように使用されているし,学校でも日本語を身につけることが求められる。家庭内においても,大半のメディアは日本語が占領する。

　日本で生活する日本語使用の難しい社会的に少数派(マイノリティ)の子どもたちにとっては,日本語の習得のみを目標にしていたのでは,教育的にも心理的にも大きな弊害が予想される。第1言語で行う授業の時間を十分確保しないかぎり,認知機能に重大なマイナスの影響が予想され,結果的に,いずれの言語でも十分な発達が望めないことになりかねない。また,2言語に共通な記憶の側面を認めようとする相互依存仮説からも,第1言語を使用した教育が奨励されることになる(井上,2002)。その理由は,第1言語の情報処理のためにはたらいていた認知過程は,第2言語の習得にとっても,それを促進さすようなはたらきを示すことが十分期待できるからである。また,算数の計算力などは母語で学習した内容であっても,それとは異なる言語(第2言語)でテストされたときにでも多くの場合は,その技能は正しく評価される可能性が高い。

　2言語をかなり自由に使用する子どもたちは,認知面でいくつかの好ましい効果が期待できるといえる。その好ましい効果とは,①答えがひとつに決まっていないような柔軟な発想に基づく思考(拡散的思考)が得意であったり,②ことばの意味とその呼称の恣意的関係などをとらえる言語に関する分析的(メタ言語)能力が発達していたり,③既成の枠組みにとらわれないような情報処理の様式(場独立の認知スタイル)を持ち合わせていたり,さらには,④新しい多様な言語文化的環境に比較的早く適応することが可能(社会的感受性が豊か)である(Cummins & Swain, 1986など参照)。

Ⅲ-11　第1言語を保障する特別支援

〈ふたつの言語能力が年齢相当に発達〉

認知機能にプラスの影響

――――― 高いレベルの閾値 ―――――

〈いずれかの言語能力が年齢相当に発達〉

認知機能に影響なし

――――― 低いレベルの閾値 ―――――

〈ふたつの言語能力がともに未発達〉

認知機能にマイナスの影響

第1言語の熟達度　　　　　　　　第2言語の熟達度

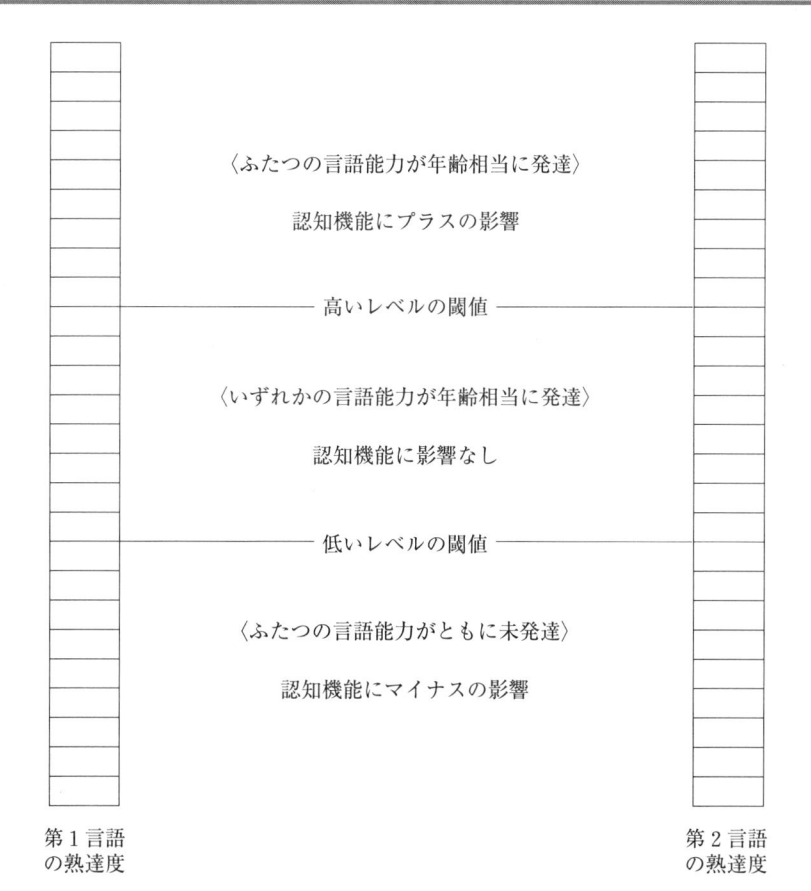

図Ⅲ-14　カミンズの閾値仮説（Cummins & Swain, 1986より作成）

■2言語教育が子どもの認知機能に正反対の影響を与えることをモデル化したものに閾値仮説（Threshold Hypothesis）とよばれるものがある。閾値とは，もともと精神物理学や知覚心理学で用いられる用語で，刺激の強さや大きさなどがある一定の水準を超えなければ，私たちはそれを意識的にとらえることが難しい場合，その境界線となるような水準を示す値を閾値とよぶ。ここでいう閾値仮説ではふたつの異なる閾値が仮定されており，2言語の能力がともにある水準（高いレベルの閾値）以上になれば，認知機能に好ましい効果があらわれるのに対して，2言語の能力がともにもうひとつの水準（低いレベルの閾値）以下であれば認知機能に悪影響がでるとされる。

（井上）

Ⅲ-12　日本語が難しい学習者の支援

　私たちが日本にいて外国語を学習する場合とは異なって，海外から日本に来た人たちには，日本語を今すぐに習得する必然性が生じることが多い。とりわけ学童期にいる子どもたちはなおさらである。そのようなときに，文法を覚えたり，単語を50音の順に覚えたりするだけでは，日常のコミュニケーションはうまくいかない。コミュニケーションを重視した言語能力は，意図的な学習からは得られるのではなく，偶発的な習得が必要とされる。すなわち，教室のなかでの機械的な言語指導や訓練では，そのような言語能力は身につけることが難しい。

　井上（1989）は，右頁に示すような一対一の支援場面を想定して，第2言語を習得する人たちの支援を行う方法を提唱している。4つの対話例では，「言語治療・習得法」とよばれる支援の技法の具体例が示されている。いずれの対話例からもわかるように，支援者は学習者のわずかな発話から，その意図するところを読み取り，それをできるだけわかりやすい簡単な日本語で表現する。学習者の表現上の不備や文法上の間違いには，寛容な態度で接し，言語表現（文法的な事柄）に注意を向けるのではなく，言語内容（発話で意図している内容）に注意を向けることが求められる。これらの技法は，心理的な絆を構築して会話をスムーズにするだけでなく，状況を利用した自然なことばの習得を支援するうえにおいても効果がある。

　ここに示す技法は，すでにコミュニケーション障害の領域では，言語指導の技法としていずれも採用されているもので，それらを外国語教授法に応用しようとしたものである。また，日本語習得のごく最初の一時期においては，ことばの意味を具体的な図柄のデザインで表現した視覚シンボルのコミュニケーションが効果をもつことが複数の事例研究で実証されている（藤澤，2001）。また，そのような視覚シンボルや線画のイラストを活用した実践道具も市販されている（藤澤・林・井上，1998；林・井上，2005）。そのほか，写真や地図，そして模型など，話題に関連する視覚情報を提示することもコミュニケーションを支援する有力な手がかりとなる。

■第2言語習得支援のための言語治療習得法

対話例1：習得者への回答選択肢の提示

（1－1）A：（無言）
（1－2）B：尋ねていることわかんないかな？ バスで来たの？それとも歩いて？
（1－3）A：歩く。
（1－4）B：誰と歩いて来たの？ お父さんと？ それともお姉さんと？

対話例2：習得者の意図を読み取って言語化する

（2－1）A：クラブ入る。好きクラブ。友だちいる。
（2－2）B：アー，君はまだクラブに入っていなかったんだ。クラブに入りたいの？ 好きなクラブがあるんだ。そのクラブには，友だちがいるって？
（2－3）A：そう。バスケット。
（2－4）B：あっそうか。バスケットボールのクラブに入りたいんだ。
（2－5）A：うん。バスケット，友だちいっぱい。

対話例3：習得者の不十分な発話の表現拡充

（3－1）A：宿題，これ一人できない。
（3－2）B：そっかあ。この宿題，一人じゃできなかったんだ。ちょっと難しかったもんね。
（3－3）A：がんばった。でも，ダメ。
（3－4）B：昨日がんばってやったけど，この課題はできなかったんだ。

対話例4：習得者の誤りに対する接し方

（4－1）A：すいません。わたし，あなたに聞くことをもってます。
（4－2）B：はい，なんでしょうか？ 私に聞きたいことがあるんですね？
（4－3）A：明日あなたの家に来てもいいですか？
（4－4）B：もちろん，いいですよ。いつか，私もあなたの家に行きますから。

（井上）

III-13　音声言語の使用が難しい子どもの特別支援

　コミュニケーションの手段といえば，音声言語を用いることが一般的である。しかしながら，何らかの障害によって，その音声言語の使用が難しい人たちにとっては，何か別の手段が提供されなければ，基本的な要求の伝達などもできないことになる。各個人の認知特性や運動機能の特性を考慮して，音声言語以外のコミュニケーション手段でコミュニケーションをとることを支援していこうとする傾向が強まっており，このようなコミュニケーション手段は，AAC（Augmentative Alternative Communication：補助代替コミュニケーション）という名で総称されている。

　なかでも「日本版PIC」とよばれるコミュニケーション・システムは，黒の背景に白抜きのシルエット像の視覚シンボルを用いたもので，1,000語を超える具象語と抽象語からなる語彙を有している（藤澤，2001；清水，2003参照）。

　図III-15に示す「ピックブック」は，6つのカテゴリーに色分けされたアルバム状の冊子で，合計900語の視覚シンボルが貼り付けられている。使用者はそれ以外の写真や絵を貼り付けるなどして，自分の情報をあらかじめ準備しておくことも可能である。そして，話題やその場の状況に応じて，適切なアルバムのページを開いて，シンボルを指差しながら，コミュニケーションをすすめていく。

　また，多くの単語の検索に便利な検索機能を備えたコンピュータ・ソフト，「PICDIC（ピックディック）」は，日本語と英語，あるいは，日本語と中国語のそれぞれ2言語バージョンが開発されている（図III-16）。言語学習用として，また異言語間コミュニケーション手段としても活用可能なこのソフトでは，各個人のニーズに合わせて必要なシンボルのみを印刷したり，保存している音声ファイルを開くことによって，選択したシンボルに対応することばを，それぞれの言語で音声出力することが可能である。シンボルの検索には，各言語の語頭音，カテゴリー名，シンボル番号など複数の手がかりが利用可能である。また，検索したシンボルを並べて，手紙文を作成することも簡単にできる。

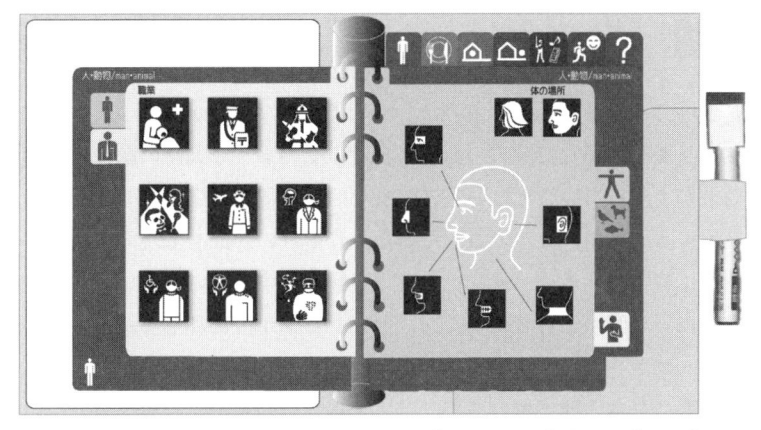

Ⅲ-13　音声言語の使用が難しい子どもの特別支援

図Ⅲ-15　アルバム式のコミュニケーション支援ツール「ピックブック」(資料提供は，オフィス・スローライフ)

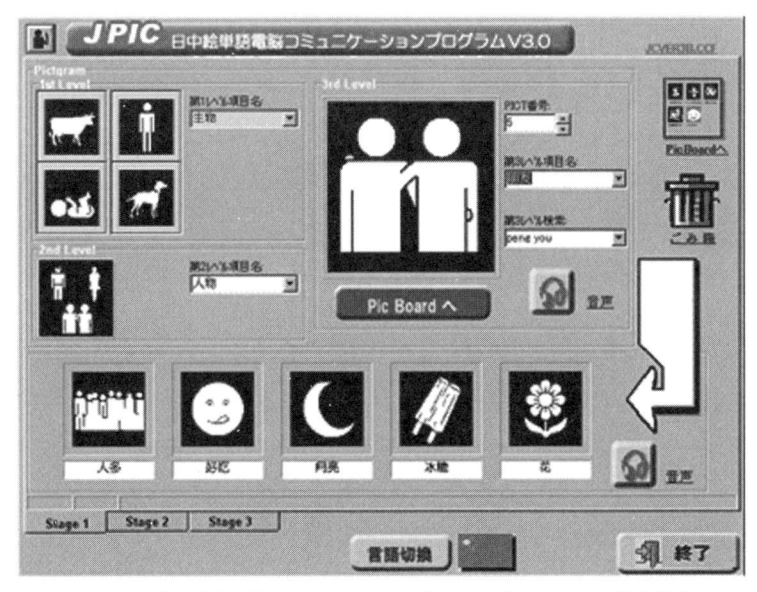

図Ⅲ-16　シンボル検索が容易な「PICDIC（ピックディック）」(資料提供は，五大エンボディ株式会社)

(井上)

III 学習者の認知にあった教育の技術

III-14　手話や指文字を使用する学習者の特別支援

　教育現場では，音声言語を中心にしたさまざまな指導が当然のように行われている。しかし，聴覚に障害のある場合は，そのような通常の教授方法では，教育効果が上がらないことはいうまでもない。単語に対応する概念を手指によって表現する手話や，カナで表記可能なそれぞれの音節を表現する指文字などは，聴覚に障害のある子どもにとっては理解しやすいものに違いない。そのような場合に，教師が学習者のコミュニケーション手段に理解を示し，できればそのコミュニケーション手段を用いて教授することが望ましい。

　もっとも，日本の聾学校の多くでは，音声言語の獲得に目標をおいた口話教育が従来から行われており，多くの聾学校で系統的に手話は教えられていない。そのため，たとえば聾学校の幼稚部を経験した難聴児では，一般的には手話が使用できないことが多い。そのような場合，かりに音声言語である程度の日常的なコミュニケーションが可能な場合でも，音声言語のみによる教授学習には限界があり，「9歳の壁」ということばで示されるように，抽象的な概念の理解や文脈が乏しい情報の理解には多くの問題が残ることになる。

　手話は教授言語として有効な手段と考えられるが，一般の外国語と同様に短期間で簡単に習得できるわけではない。そのようなときに教師に求められることは，①一つひとつの単語を意識的にはっきりと通常よりもゆっくり話す：②板書を頻繁に行う：③あらかじめ印刷物の資料を準備して配布する：④コンピュータや視聴覚機器を活用する，などの対応が必要となる。これらの対策は，なにも聴覚に障害のある学習者だけに有利にはたらくのではなく，多くの学習者にとっても効果的な教育方法となりうる。

　また個別の対応としては，筆談や視覚シンボルを使用したコミュニケーションも有効である。さらに，支援できる人が利用可能なときには，基本的な技術を身につけた人たちによる手話通訳やノートテイキング，口述筆記（口述された内容を同時に筆記して視覚的に映し出すなどの情報変換サービス）が情報を保障する具体的な方法として有効である。聴覚に障害をもつ人たちは，外見からはその障害が察知されにくいため，十分な配慮が必要である。

Ⅲ-14　手話や指文字を使用する学習者の特別支援

■手話と指文字

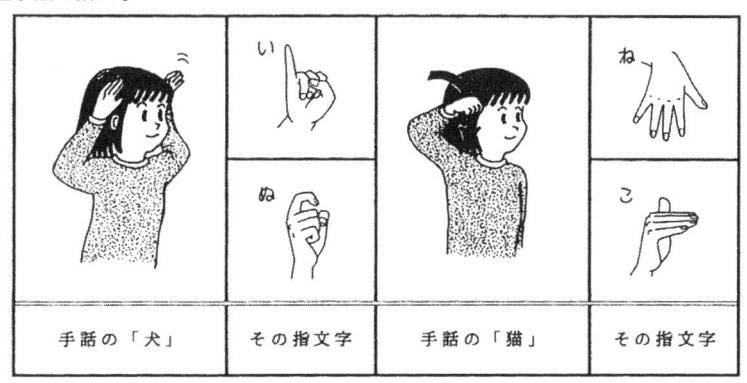

図Ⅲ-17　「犬」と「猫」を表現する手話と指文字

▶日常のコミュニケーションでは，このような使用頻度の高い一般の単語は，手話で表現されるのが普通である。指文字は，固有名詞や外来語など，主として，手話単語に存在しないものを表現することになる。しかし，指文字だけなら，多くの人たちにとって比較的短時間で習得可能であり，キーワードの提示時などに併用することは有効であると考えられる（イラスト提供は，稲葉知里氏）。

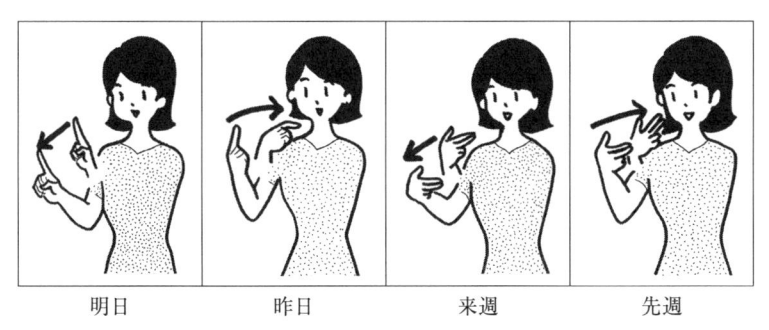

図Ⅲ-18　時間を表現する手話の例

▶手話はそのものの見えを具体的に表現するだけではなく，非常に論理的なルールと表現方法を備えている。たとえば，時間を表現する場合に，前方向が未来を表し，逆に後ろ方向は過去を表す。「明日」や「昨日」が一日の時間差を示すことを1本の指で表現し，「来週」や「先週」などの七日の時間差については，手話数字の「7」が用いられる（イラスト提供は，稲葉知里氏）。

（井上）

Ⅲ　学習者の認知にあった教育の技術

Ⅲ-15　視覚に障害がある学習者の特別支援

　視覚に障害のある学習者に書きことばの情報を提供するためには，点字の使用が欠かせない。点字は現在では一般的には，駅などの公共施設で案内板などとして用いられているほかに，エレベータなどの乗り物の操作方法を記述したものが知られている。点字はもともと紙の表面に凹凸を作って基本的には6つの点の組み合わせで仮名文字1字を表し，指先でさわって読むといったように書きことばの視覚情報を触覚情報に変換したものといえる。

　また聴覚や触覚など視覚以外の感覚情報に変換する点訳の作業は，現在では情報機器の普及に伴い，多くの場合コンピュータが活用されている。そして彼らによって作成された点訳データは，編集された後に点字プリンタを使って用紙に出力され，さらに製本した後に貸し出されている。東京都にある日本点字図書館（www.nittento.or.jp）では，全国の視覚障害者を対象に，点字・録音図書や雑誌の製作貸し出し，図書情報の提供，盲人用具の開発と販売，点字図書の出版や触地図の製作などの事業が行われている。このように視覚障害者の情報保障としては，点字図書，録音図書，拡大文字図書などの整備が急務であり，電子化された図書の充実も求められる。

　さらに，視覚障害者を支援するツールとしては，凹凸のある点字として情報を出力できる点字プリンタや点字ピンディスプレイ，そして視覚情報を音声情報に置き換えるスクリーンリーダなどの読み上げソフトなどが活用可能である。また合成音声を利用した図書検索やインターネット検索，ネットワークに接続されたプリンタの活用など，学習者の一人ひとりがそのニーズに応じた情報活動ができる環境を保障する必要がある。なお，弱視者には，画面拡大表示装置や大型ディスプレイなどの活用も有効である。障害はいずれの場合も個人差が大きく，それぞれの個性に応じた対応が必要とされる。

　日本では1987年に，情報を受け取る感覚器（聴覚および視覚）に障害のある人たちのための筑波技術短期大学（現在の国立大学法人筑波技術大学）が設立され，情報の高度化や技術革新の進展に柔軟に対応できる人材育成のための高等教育機関の役割を果たしている。

Ⅲ-15 視覚に障害がある学習者の特別支援

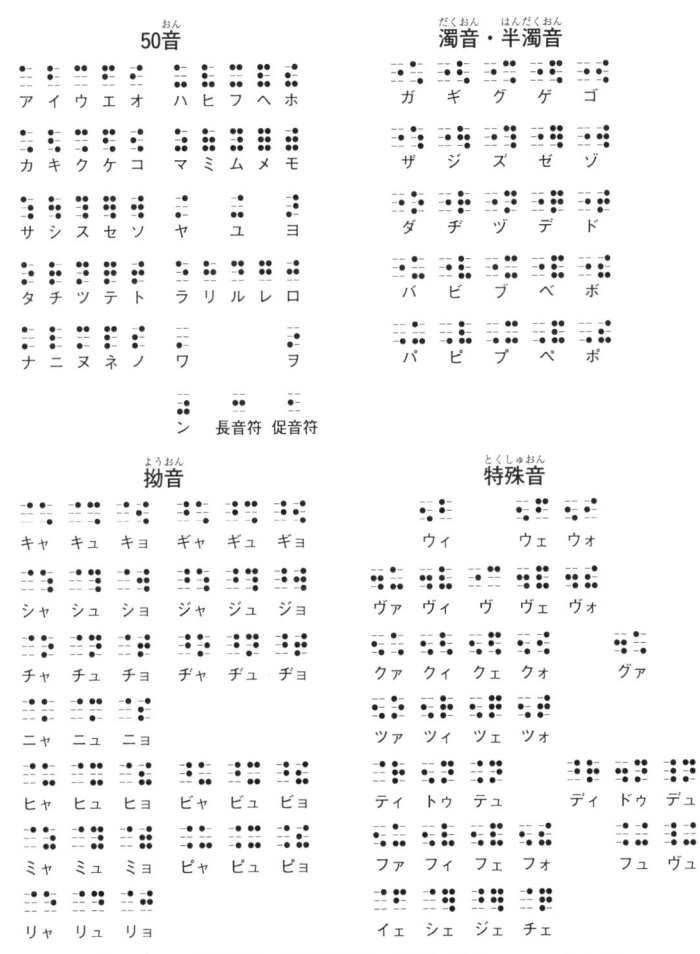

50音

ア	イ	ウ	エ	オ	ハ	ヒ	フ	ヘ	ホ
カ	キ	ク	ケ	コ	マ	ミ	ム	メ	モ
サ	シ	ス	セ	ソ	ヤ	ユ	ヨ
タ	チ	ツ	テ	ト	ラ	リ	ル	レ	ロ
ナ	ニ	ヌ	ネ	ノ	ワ	ヲ

ン 長音符 促音符

濁音・半濁音

ガ	ギ	グ	ゲ	ゴ
ザ	ジ	ズ	ゼ	ゾ
ダ	ヂ	ヅ	デ	ド
バ	ビ	ブ	ベ	ボ
パ	ピ	プ	ペ	ポ

拗音

キャ	キュ	キョ	ギャ	ギュ	ギョ
シャ	シュ	ショ	ジャ	ジュ	ジョ
チャ	チュ	チョ	ヂャ	ヂュ	ヂョ
ニャ	ニュ	ニョ
ヒャ	ヒュ	ヒョ	ビャ	ビュ	ビョ
ミャ	ミュ	ミョ	ピャ	ピュ	ピョ
リャ	リュ	リョ

特殊音

ウィ	ウェ	ウォ
ヴァ	ヴィ	ヴ	ヴェ	ヴォ
クァ	クィ	クェ	クォ	グァ
ツァ	ツィ	ツェ	ツォ
ティ	トゥ	テュ	ディ	ドゥ	デュ
ファ	フィ	フェ	フォ	フュ	ヴュ
イェ	シェ	ジェ	チェ

図Ⅲ-19 日本語と点字の対応一覧表 (井上, 2004より作成)

▶日本語の清音に対応する点字は, 縦3行横2列の6点の凹凸で表現される。それに対して, 濁音や半濁音, さらには拗音や上に示すような特殊音などは, その倍の12点の凹凸で表現される。点字の原型は1821年に発明され, 1829年にフランスのルイ・ブライユがこれに改良を加え, 現在使用されているアルファベットの点字が考案されたといわれている。日本では, 1890年に日本盲唖学校の教師, 石川倉次によって, 日本語に対応する点字が考察されたと伝えられている。

(井上)

131

IV
学習者の認知にあった教育の評価

1．学習目標の分類……*134*
2．相対評価から目標準拠評価へ……*136*
3．偏差値の効用と問題点……*138*
4．評価の規準・基準と多次元的評価……*140*
5．正しい評価を導くテスト項目の作成……*142*
6．学習の進歩と個人内評価……*144*
7．努力の評価と意欲を高める支援……*146*
8．数値による評価と文章記述による評価……*148*
9．形成的評価……*150*
10．自己評価……*152*
11．ポートフォリオによる評価……*154*
12．ルーブリック評価……*156*
13．認知機能ベースの学力評価と知識・技能ベースの学力評価……*158*
14．分類課題を用いた知識構造の評価……*160*

Ⅳ 学習者の認知にあった教育の評価

Ⅳ-1 学習目標の分類

　目標準拠評価を有効に活用して，指導に生かしていくためには，それぞれの単元や学習活動において，めざすべき子どもの姿，すなわち，学習目標はなにであるのかを明確にしておく必要がある。梶田（1992）は，学校教育における目標を期待目標と到達目標の2つに大別している（表Ⅳ-1）。梶田（1992）によれば，期待目標とは，教育基本法第1条などに述べられているような，学校教育が期待どおりに成果を発揮した際に到達すると考えられる理想の子どもの姿を示したものである。これに対して，到達目標とは，各教科の指導要領などに示されているような，すべての子どもたちに確実に到達してほしい姿を示したものである。これら2つの目標に関して，梶田（1992）は，到達目標を順次達成していくことで，期待目標の方向へ導いていくことができるとしている。

　しかし，実際の学習指導の場面では，指導要領で示されている姿でさえ，児童・生徒の姿からみれば理想の姿であるような場合も少なくない。そこで，教師としては，現在の子どもの姿からの目標までの距離や段階を考慮した目標立てのもとに指導していく必要があろう。著者は，小中学校の教師への実践指導の中で，指導案には，"遠い目標"と"近い目標"を明記することを勧めている。たとえば，表Ⅳ-2に示したように，遠い目標である「伴って変わる二つの数量について，それらの関係を考察する能力を伸ばす」は，近い目標である「比例の意味について理解すること」と「表やグラフを用いてその特徴を調べること」を達成した後に到達すると考えられ，カリキュラム的にも，時間的にも現在の子どもの状態からは遠い位置にある目標である。

　さて，ここでは学習指導上の目標を分類して明確化する必要性について述べたが，目標を立てる前には，現在の子どもの姿を正確にとらえなければならない。指導要領に示されている目標が，クラスの児童・生徒の状態からすれば到達不可能なような場合や，逆に，子どもたちの現在の状態からすれば指導要領に示されている目標よりもさらに高い目標を設定可能な場合もある。このような場合には，児童・生徒の状態に基づいて学習指導上の目標を設定すべきであろう。

Ⅳ-1　学習目標の分類

表Ⅳ-1　学校教育における2つの教育目標

期待目標	到達目標
・教育は，人格の完成をめざし，平和的な国家及び社会の形成者として，真理と正義を重んじ，自主的精神に充ちた心身ともに健康な国民の育成を期して行われなければならない（教育基本法第1条） ・学校教育目標 　　など	・比や比例の意味について理解し，数量関係の考察に関数の考え方を用いることができるようにする（小学校第6学年算数の目標） ・身近に見られる動物や植物を比較しながら調べ，見いだした問題を興味・関心をもって追究する活動を通して，生物を愛護する態度を育てるとともに，生物の成長のきまりや体のつくり，生物同士のかかわりについての見方や考え方を養う（小学校第3学年理科の目標）

表Ⅳ-2　学習指導上の目標分類

近い目標	遠い目標
・比例の意味について理解すること ・表やグラフを用いてその特徴を調べること	・伴って変わる二つの数量について，それらの関係を考察する能力を伸ばす

▶ここで遠い目標には，単元の目標を用いており，近い目標には本時の目標を用いている。言い換えると，単元の目標に到達するために，一つひとつ達成していかなければならない目標が本時の目標になるのだと考えることができるだろう。

(岡本)

IV-2　相対評価から目標準拠評価へ

「相対評価」とは，ある学習者の学業成績の結果を，その学習者が所属するクラスや学年などの集団の中で，平均点やそこからのズレ，あるいは，集団内での成績の順位などをもとに，相対的に評価することをさす。すなわち，ある集団の中における相対的な成績の位置によって，学習者の学業を評価しようとするものであり，個々の学習者の学習成果を，なんらかの絶対的な基準でもって直接評価しようとするものではない。

よく知られているものとしては，戦後の日本で，長年使用されてきた5段階評価がある。図IV-1に示すように，5段階評価では，それぞれの段階の評価に一定の割合（☆印の百分率）があらかじめ設定されていたために，1クラスなどの少人数の集団では，必ずしもそのような割合が適切でない場合が必然的に生起する。また，どの集団にも「よくできる」学習者と「劣っている」学習者が，必ずいるという前提で話が成り立っているところにも大きな問題がある。

他方，「絶対評価」という用語は，歴史的には，「絶対者を規準とする評価」を意味し，教師の主観的な判断による評価ととらえられてきた経緯がある（田中，2005）。しかし，一般的には，「相対評価」の対立概念として使用されることも多く，その場合は，ある集団の中での成績の順位や，平均点との関係で評価されるのではなく，なんらかの基準をもとに学習者を評価することを，広く指し示す概念であると考えられる。

平成13(2001)年に改訂された指導要領では，「相対評価」を廃止し，それに替わって「目標に準拠した評価」が採用された。それは，明確に示された教育目標に照らして，それぞれの学習者の学習の進み具合や，習得された学力，あるいは，その到達レベルを適切に判断し，その学習の成果を評価しようとするものである。その意味では，従来の「到達度評価」の流れをくむものといえる。ただ，ここで問題になるのは，評価しようとする各教科や各単元において，どのような教育目標を具体的に設定するのかということである。

また，それらの評価は，教育方法の改善につながる可能性を有しているため，単に学習者の評価にとどまらない側面を備えているといえる。

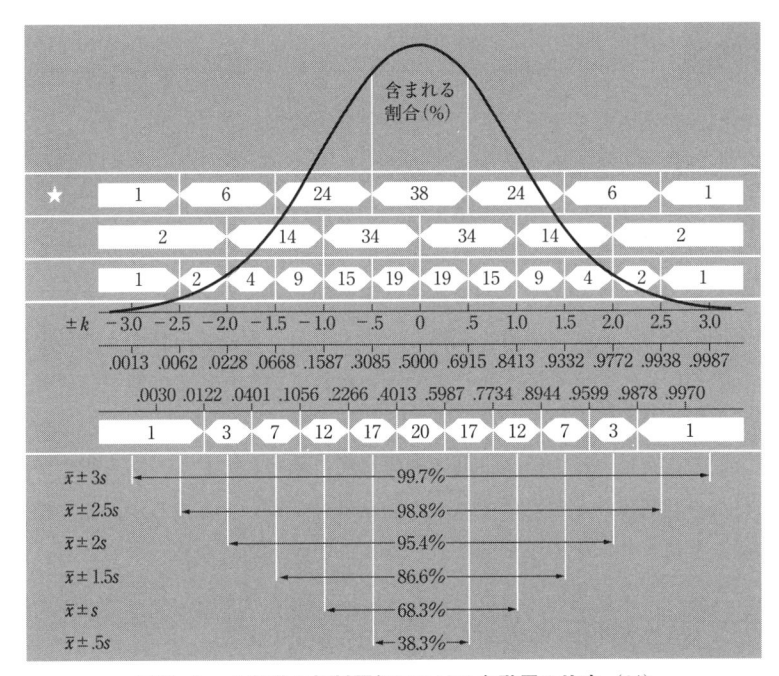

Ⅳ-2　相対評価から目標準拠評価へ

図Ⅳ-1　5段階の相対評価における各階層の比率（％）

■「考査」とは
　一般的に「試験」と同義語に使用されることもあるが，歴史的には，教師が子どもたちを評価するときに，進級試験や卒業試験でなく，「平素ノ成績」すなわち，平常の学業成績をもとに子どもたちを総合的に評価しようとしたものである。明治33(1900)年の第三次小学校令は，「試験ヲ用フルコトナク児童平素ノ成績ヲ考査」することとし，小学校における次学年への進級試験や卒業試験は廃止された。また，考査の結果を記入するものとして，学籍簿の様式も同時に定められた。このように，本来は「考査」は「試験」と対立する概念として導入され，教師による日常的な評価活動をさす概念として用いられた。

（井上）

Ⅳ　学習者の認知にあった教育の評価

Ⅳ-3　偏差値の効用と問題点

　教育問題が語られるときに，偏差値が諸悪の根源のように指摘されることがあるが，それは大きな間違いである。

　そもそも偏差値とは，数値で示すことが可能なテストの得点などの値が，そのテストが実施された集団全体の成績の中で，相対的にどのような位置を示すのかを客観的に示す統計上の値である。平均値が50になるように，また1標準偏差が10になるように各素点を変換して得られる。偏差値全体がとりうる範囲は，一般的には，およそ25から75までといわれているが，その範囲に収まらない場合も起こりうる。

　テストの素点は，そのテスト問題の難易度に依存しており，ある得点が良いか悪いかの判断は，それだけでは不十分な場合が多い。ところが，偏差値を使用することにより，その不十分な点を補うことが可能になる。もっとも，偏差値はかなり大きな母集団から得られたもの（大勢を対象にしたテスト結果）でないと，大きな意味合いが認められないのも事実である。

　教育現場においては，これまで偏差値は，とくに進路指導などの場面でよく使用されてきた。たとえば，受験の際の模擬試験などで偏差値が重宝されたことは，それぞれのテスト問題の難易度に大きく左右されることなく，大勢の受験生の中での相対的な成績の位置を確認するのに，偏差値が有効であったことを物語っている。入学定員の決まっている試験などでは，その試験の成績の高い順に合格が決められるのが前提であるので，そのような予想を的確にできるのが，この偏差値でもあった。

　しかし，教育の目標は，必ずしも偏差値を高めることだけでよいはずがない。すなわち，そのような点数のみで評価される学力で，高い得点を取ることだけが，教育の目標とは考えられない。過度に偏差値に依存した進路指導の弊害が教育現場で指摘されるようになったのはそのためだといえる。そもそも，意味のある学力とは，多様な角度から評価すべきものであり，それらを一次元上に数値として表すことがむずかしい。仮にそのような数値で表したとしても意味のない場合が少なくない。

Ⅳ-3　偏差値の効用と問題点

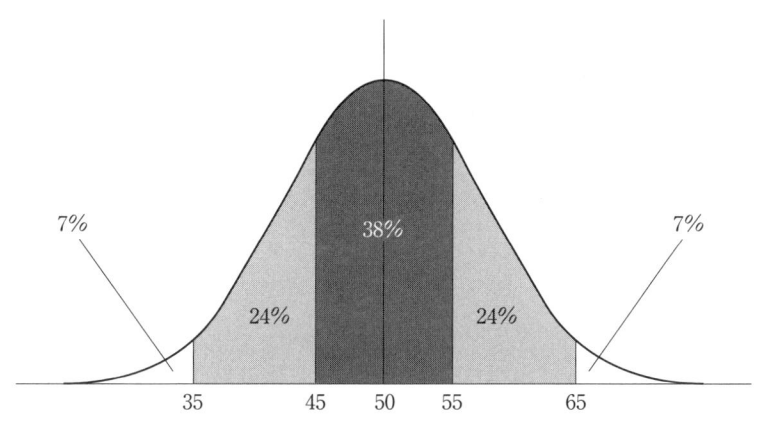

図Ⅳ-2　5段階評価での各段階での割合と偏差値の関係

偏差値を算出する式：
$$\frac{10(y-\overline{x})}{\sigma}+50$$
ただし，
$$\overline{x}=\frac{1}{n}\sum_{i=1}^{n}x_i$$
$$\sigma=\sqrt{\frac{1}{n}\sum_{i=1}^{n}(x_i-\overline{x})^2}=\sqrt{\overline{x^2}-(\overline{x})^2}$$

n：テストを受験した人数
x_i：個々人の得点
$\overline{x}$：テストの平均値
y：偏差値を求めたい受験者（個人）の得点

（井上）

IV-4　評価の規準・基準と多次元的評価

　評価の規準とは，学習評価において何を評価するのかという考え方のことであり，評価の基準とは，どのようなレベルで評価するのかということを指している。規準と基準では，同じ"きじゅん"という読み方をするため，それぞれ"のりじゅん"と"もとじゅん"と読んで区別することが多い。

　目標準拠評価においては，それぞれの教科ごとに，知識・理解，技能・思考，意欲・関心，表現・態度の4つの観点に対応した学習目標を設定し，その目標にどこまで近づいたのかで評価を行う。評価の規準とは，前者，すなわち，どのような学習目標を設定するのかを決める際に，どのような学力を身につけさせたいのかの考え方といえよう。一方，評価の基準は，後者のどのようなレベルを用いて評価判断を下せばよいのかの考え方といえる。

　これまでの学習評価が，知識・理解の観点からの一次元的な評価を中心的にしてきたために，子どもたちが評価によって順位づけの意識をもつことが評価の一つの問題点として指摘されてきた。この問題は，評価の基準という考え，つまりどこまでできたのかだけにとらわれていて，評価の規準という考え，つまり，どんな学力が必要なのかという考えを考慮してこなかったために引き起こされたものといえる。一人ひとり違った子どもの個性を認めて，学習評価を子どもの学力形成と人格形成につなげていくためには，どのような学力や個性を身につけさせたいのかという観点（評価の規準）を重視する必要がある。そのうえで，どこまでできればよいと考えるのかという観点（評価の基準）を設定すべきであろう。多次元的な評価を活用するということは，すなわち，評価の規準と評価の基準を組み合わせて評価していくことにほかならない（図IV-3）。

　この考え方は，IV-6 で述べる個人内評価を行う時にも重要である。個人内評価には，縦断的個人内評価と横断的個人内評価があり（表IV-3），前者は，子どもの過去の学習状態をもとにして，そこからの進歩を評価するという評価の基準にそった個人内評価である。これに対して，後者は，子どもに違った側面での学力が見られるようになりつつあるかどうかを評価するという評価の規準にのった個人内評価である。

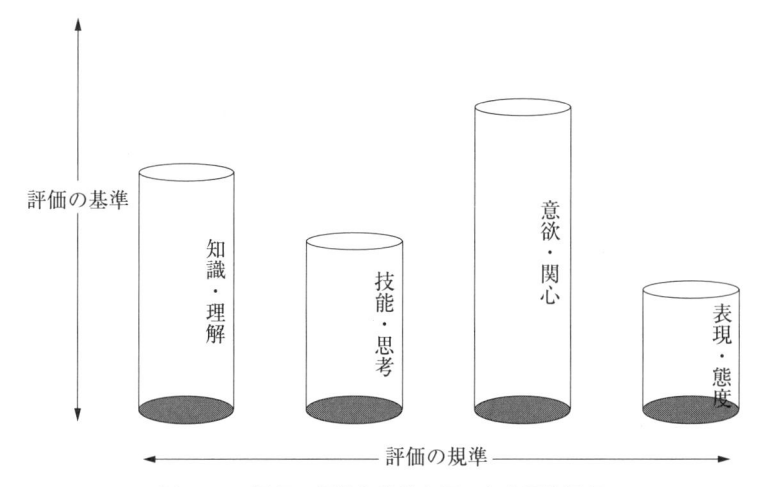

図Ⅳ-3　評価の規準と基準を用いた多元的評価

表Ⅳ-3　縦断的個人内評価と横断的個人内評価

縦断的個人内評価	横断的個人内評価
最初の形成的評価では，1（不十分）と評価された子どもが，次の評価の時点では3（十分）へと変わっているというような学習の進歩の具合をとらえるために行う。ここでは，一次上の変化をとらえるようにする。 全ての子どもを同じ目標の状態に導きたいときには，形成的評価を何度も行って，縦断的に個人の進歩をとらえていく必要があるので，この評価が重要になってくる。	たとえば，理科の実験の際に，知識は十分にもっているが，課題に進んで取り組むような意欲が見られない子どもが，自ら課題に取り組んで探求していけるようになるという学力の異なった側面の変化をとらえるために行う。ここでは，異なった次元の変化をみる。 個性化を導くためには，学力のさまざまな側面を形成していく必要があるので，このような違った次元からの評価を行って，全体的な学力の状態を高めていく必要がある。

(岡本)

IV　学習者の認知にあった教育の評価

IV-5　正しい評価を導くテスト項目の作成

　図IV-4は，小学校1年生の1学期に学習する集合数と順序数の概念を獲得しているかどうかを調べるテストである。"はじめから3つをぬりつぶしなさい"と問われているときは，左から3つの○全部をぬりつぶし，一方，"はじめから3つめをぬりつぶしなさい"と問われているときは，3番目の○だけをぬりつぶす，というのが正しい答えである。

　ある1年生の担任の先生が，図IV-5のように書いてある答案用紙を見せながら，「見てください，お母さん。この子は，全部まちがってるんですよ。せめて2,3問でも合っていればいいのに，……」と，保護者に説明している場面を見かけたことがある。ことばにこそしなかったが，その先生の言い方からは，0点よりも，2,3点でも高い得点をとるほうがよいのだ，といったニュアンスを受け取ったものである。

　しかしながら，その話を聞いていた私は，「全部逆にしていてよかった」と思った。なぜならば，バラバラに間違っていて，2,3点とるということは，すなわち，集合数と順序数の概念が曖昧で，獲得できていないことを意味しているが，全く逆の答えを書いて0点をとったということは，すくなくとも2つの概念の区別はできているという程度には概念が獲得されていると考えられるからである。それにもかかわらず，担任の先生が上述したような発言をしたのだとすると，この先生は，テスト項目が何を測定しているのかを理解できていなかったのではないかと疑われる。

　テストは，点の高さを調べるためのものではない。テストは，学習した概念や知識を獲得しているかどうか，技能が使えるようになっているかなどを測定しており，テスト項目ごとに測っているものも異なっている。テストや評価は，今後の学習指導にいかすために行うものであるが，そのテスト項目が何を測定しているのかを正確に把握してなければ，指導にいかすことはできない。テストを作成するうえでも，利用するうえでも，テスト項目が何を測定しているのかを理解して，正しい評価へとつなげていかなければならない。

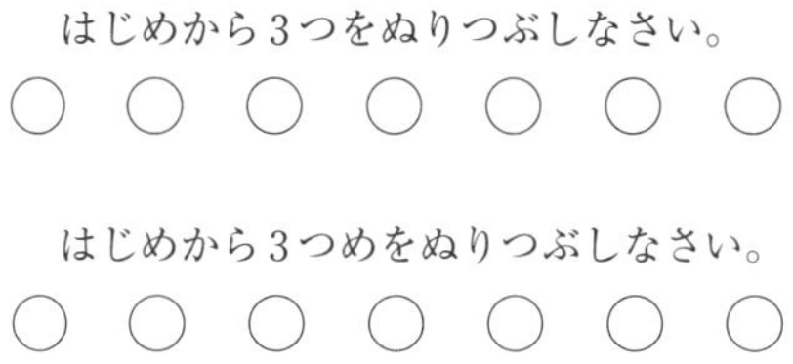

Ⅳ-5　正しい評価を導くテスト項目の作成

はじめから3つをぬりつぶしなさい。
○　○　○　○　○　○　○

はじめから3つめをぬりつぶしなさい。
○　○　○　○　○　○　○

図Ⅳ-4　集合数と順序数の理解を調べるテスト項目

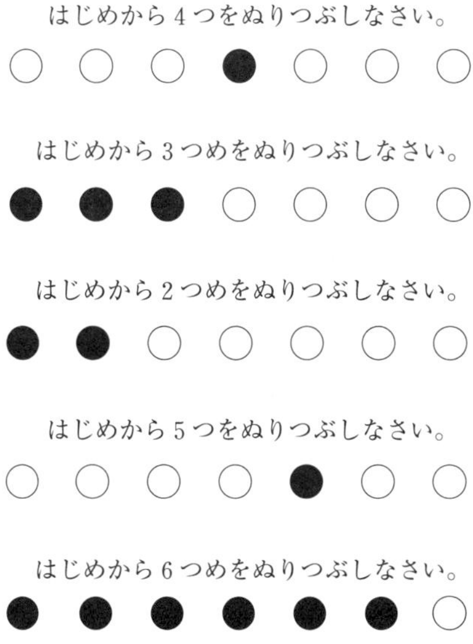

はじめから4つをぬりつぶしなさい。
○　○　○　●　○　○　○

はじめから3つめをぬりつぶしなさい。
●　●　●　○　○　○　○

はじめから2つめをぬりつぶしなさい。
●　●　○　○　○　○　○

はじめから5つをぬりつぶしなさい。
○　○　○　○　●　○　○

はじめから6つめをぬりつぶしなさい。
●　●　●　●　●　●　○

図Ⅳ-5　誤答の例

▶この回答例では，集合数と順序数の回答がすべて入れ替わっており，これに点数を付けると0点となる。しかし，概念的な理解は育っているとも考えることができる。

（岡本）

IV-6　学習の進歩と個人内評価

　学級集団や学年集団の成績を基準として，その集団のどこに位置づけられるのかによって評価する相対評価であっても，学習の到達目標のどこまでを達成したのかによって評価する目標準拠評価（絶対評価）であっても，評価の基準はつねに学習者の外にある。評価基準が学習者の外にあると，学習者の進歩や努力が見られても，その点をうまく評価することができない場合が出てくる。

　たとえば，図IV-6で，学習者Ⓐは，最初のテストが30点で評価が2（不十分）を得た。その後，自分なりに復習をして2回目のテストで50点をとったとしよう。この時，図IV-6のように，Ⓐさんの得点も全体の得点の平均点も上がっているような場合には，Ⓐさんは20点得点が上昇しても評価は2のままで変わらない，ということが起こる。これでは，Ⓐさんが努力によって得た進歩をうまく評価できない。

　この問題は，目標準拠評価でも同様に起こりうる。図IV-7に，Ⓑさんの得点経過と評価を示した。Ⓑさんも上のⒶさんと同じように1回目から2回目にかけて得点の上昇が見られる。しかしながら，目標への到達度にしたがって評価すると，どちらも"努力を要する"という評価で変わらない。学習に遅れが見られる児童・生徒では，このように進歩しているにもかかわらず，評価ではその点が考慮されないということを経験することが多い。そうすると，頑張っても認められないという感じをもってしまい，次の学習への意欲につながらない。

　このような問題点を解消するためには，評価の基準を学習者本人の中に設定する個人内評価を用いる必要がある。Ⓑさんの例では，最初のテストを基準として，そこからの伸びに対して評価する必要がある。この場合，あくまで観点別評価としては，1（努力を要する）を与えるが，"頑張った努力が認められるので，この調子で2（おおむね満足）のレベルまでもう少し頑張りましょう"といったコメントを付加するなどの工夫が必要である。

Ⅳ-6　学習の進歩と個人内評価

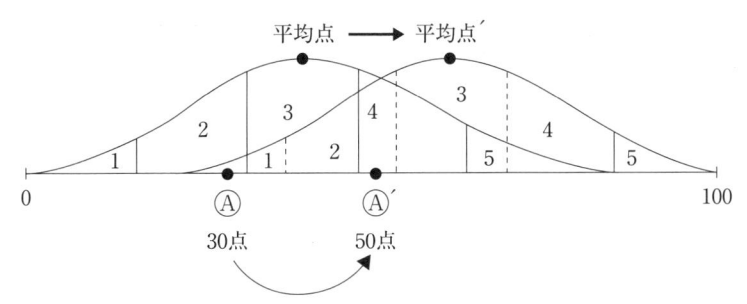

▶個人の点が上昇しても全体の平均点が上がると，評価が変わらないこともある。

図Ⅳ-6　相対評価と個人の進歩

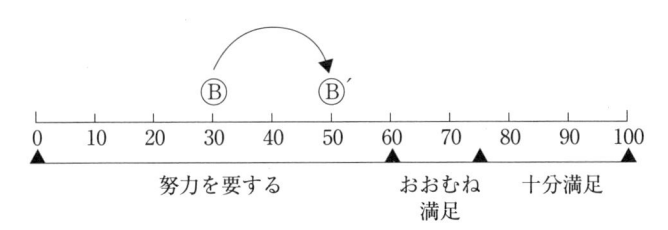

図Ⅳ-7　目標準拠評価と個人の進歩

（岡本）

Ⅳ-7　努力の評価と意欲を高める支援

　一般的に，学習においては，努力をすれば成果が得られるものとはかぎらない。教育現場においては，身につけた知識や技能，そして理解力などの学力に関する学習成果を数値で評価することは盛んに行われている。しかし，その部分があまりにも強調されすぎると，努力をしたにもかかわらず，その成果が得られなかった学習者は，学習意欲をなくしたり，自信をなくしたりする可能性が少なくない。そのようなことを防ぐためには，学習者一人ひとりの優れた点や可能性，努力，意欲などを積極的に評価することが必要になってくる。

　ただ，そのような努力や意欲といったものの評価は，成績として数値でなされることは一般にはなじまない。したがって，教師にとって求められることは，まず学習者一人ひとりの特長を把握することが重要である。そして学習の進歩のようすなどを，他の学習者と比較するのではなく，それぞれの学習過程に応じて励ましたり，ほめたり，あるいは，個々の能力に応じた発問を授業の中でしていくなど，学習時のリアルタイムでのフィードバックとしての評価が重要である。そのようなやり取りをとおして，学習者は学習に自信をもち学習意欲を強めていくことが期待できる。

　川井・吉田・宮元・山中（2006）は小学校高学年の児童を対象に，セルフ・エスティームの低下を防ぐための授業の効果に関する研究を行っている。セルフ・エスティームとは，自己に対する感情や感覚をさし，自尊感情，あるいは，自尊心と訳されることもある。彼らは子どもたちに，自己否定的な認知パタンを固定化させないようにすることの必要性を説明したうえで，実際にそのための授業を行う実験群と，説明のみを行う統制群を設けて実践研究を行った。その結果は，実験群の児童のほうが，統制群の児童よりも，自己否定的な認知パターンを否定する方向の信念を抱くようになったことが示された。すなわち，自分の失敗だけをとらえて過剰に失望するのではなく，それを次の機会にいかすとか，他のよい側面にも注意が向けられることが示されたといえる。また，実験群の児童において，より自己効力感とセルフ・エスティームが高まっていることも同時に示された。教師には，学習者の失敗を次の機会の成功につなげるための支援が求められる。

Ⅳ-7　努力の評価と意欲を高める支援

　花子さんは，ピアノの発表会に備えて，毎日一生懸命練習に励んでいました。学校から帰ったらすぐにピアノに向かい，手が痛くなるまで練習しました。そのため，ピアノの先生から「すごく上手になったね」と，言われるまでになりました。今日は，いよいよピアノの発表会です。会場にはたくさんのお客さんが見に来ています。花子さんは，一生懸命ピアノを弾きました。なかなかいい調子です。ところが，演奏も終わりに近づいたとき，花子さんは，少し弾き間違いをしてしまいました。そして，最後のところでもミスをしてしまいました。

花子さんは，次のように考えました。(自己否定的な認知)
① 今日，間違えちゃったから最悪の発表会だったな。
② 一生懸命練習してきたのに，本番で間違えちゃってはなんにもならない。
③ 失敗したのは，私にもともと才能がないからだろう。
④ 小さいときからピアニストになるためにがんばってきたのに，ピアノがだめだったら，私の将来は真っ暗だ。

反駁の例
① 最後の方だけ間違えたけど，全体的にはまあまあよかったんじゃない？
② 一生懸命練習して，前より上手になったんじゃない？こんなにがんばったっていう満足感はないの？ピアノの先生にも褒められたじゃない。
③ 間違えてしまったのは，緊張しすぎたからかもしれないよ。まだ少し時間が足りなかったのかもしれないよ。練習の方法に問題があったのかもしれないよ。
④ ピアノだけが人生のすべてじゃないよ。ピアノで失敗したからといって君のすべてがだめになったわけじゃないよ。

＊川井・吉田・宮元・山中（2006）の実践研究で提示された事例における，主人公の自己否定的な認知とそれらに対して反駁する考え方の例（一部改編）。

(井上)

IV　学習者の認知にあった教育の評価

IV-8　数値による評価と文章記述による評価

　主として機械的な記憶に依存した学習の成果や比較的単純な技能などは，数値によって客観的に評価できることが少なくない。たとえば，歴史的な出来事が起こった年代を記憶する学習や，単純な四則計算を正確に行う技能などは，比較的妥当性の高い信頼できるテストを作成することが可能である。そして，その学習の成果は数値で評価されることに多くの人たちは異議を唱えない。

　しかし，論理的な思考力や批判的な判断力，さらには芸術における創造的な技能などは，そもそも数値で評価することが難しい。そのようなときには，数値による量的な評価ではなく，学習者の学習経過についての文章による記述や，学習の具体的な目標をチェック・リストとして表現し，それらの項目の可否を評価に用いるなどの質的な評価が考えられる。

　教育における評価の意義は，単に試験やテストの結果による取捨選択を狙いとするものだけでなく，学習者がどのような指導の下でどのように変化し，どのような学力を身につけたかを査定することにある。そのような作業をとおして，結果的には，一人ひとりの学習者にあった指導法が特定できるかもしれないし，一般的な教育方法の改善策が見つかる可能性もある。

　あるいは，いわゆる学力や技能とよばれるような学習者の側面だけに注意を向けるのではなく，一人ひとりの学習者の動機づけや学習意欲，さらには，認知スタイルや学習方法の好みまで，工夫次第ではとらえることも可能である。

　たとえば，学習者のタイプによっては，学習の初期の段階から間違いを恐れずに積極的に行動するかもしれないし，早い段階で学習成果が確認できるような人たちも存在する。また，そのような早い段階での学習成果がなかなか認められないが，着実に大切な事がらをきっちりと学習していくタイプの学習者も存在する。

　教師が文章で学習者の学習成果を評価する際には，ある段階での観察可能な行動のみを記述するのではなく，たとえば，ある学期の初期段階での学習者の行動観察と，その後の変化の様子などを書き留めるなど，それ以降の学習過程に有用なコメントになることが必要であると考えられる。

Ⅳ-8　数値による評価と文章記述による評価

■**文章記述による評価の例（質的評価①）**

　授業中に教師の言うことによく耳を傾け，新しい教材にも興味を示して積極的に授業に参加している。また理解できない内容には，自ら質問して確認しようとする態度が見受けられる。会話の練習時には，語彙力が不足しているためか，流暢に話すことはできないが，伝達しようとする意欲は十分に感じ取れる。

　ただ，クラスの仲間の発話に注意を向けたり，モデルとなるネイティブスピーカーの発音を正確に真似たりすることが難しい。新しく学習した内容を実際の会話で用いるための十分な支援が必要である。

■**チェック・リストを用いた評価の例（質的評価②）**
1. 教師の言うことに注意している …………………………【○・?・×】
2. 事前に教材を調べてきている …………………………【○・?・×】
3. 流暢に会話をすることができる ………………………【○・?・×】
4. 発音が正確である ………………………………………【○・?・×】
5. 言いたいことを伝える努力が感じられる ……………【○・?・×】
6. 相手の反応をみて話そうとしている …………………【○・?・×】
7. モデルとなる発話を真似ようとする …………………【○・?・×】
8. 新しく学習した内容を使おうとする …………………【○・?・×】
9. 学習した内容をよく理解している ……………………【○・?・×】
10. わからないときに自分から質問する …………………【○・?・×】
11. その他 ……………………………【　　　　　　　　　】

（井上）

Ⅳ　学習者の認知にあった教育の評価

Ⅳ-9　形成的評価

　学習を評価する方法のひとつに，どのタイミングで評価を行うかという視点に基づいた3種類の区分がある。それは，診断的評価，形成的評価，総括的評価であり，それぞれ，学習が始まる前の段階，学習が行われている途中の段階，学習が行われた後の段階に対応している。定期テストや通知票などの総括的評価が，一般には評価の典型とみなされがちであるが，とりわけ形成的評価は，教育目標と現在の学習者の達成とを照らし合わせて，教育を軌道修正していくものであるから，教授・学習過程において中核的な役割を果たすものと考えなくてはならない（市川，1995）。

　そこで，ここでは，形成的評価について，もう少し詳しく，説明していくことにする。形成的評価において，もっとも大事な概念は，フィードバックであり，これは，どのような評価においても共通のことではあるが，学習する側に対するフィードバックという意味だけでなく，指導する側に対するフィードバックという意味もある。学習内容や目標をどの程度達成できたかを学習者が知り，次の学習行動へつなげていくのと同時に，同様のことを教授者が知ることで，次の教授行動へつなげていくという機能を，形成的評価はもっているのである。

　もしも，形成的評価がまったくなされない場合，一体どのような問題が生じるであろうか。たとえば，学期末のテスト方式による総括的評価のみが行われ，ある教科で著しく成績が芳しくなかった生徒がいたとしよう。この場合，どの単元でつまずいていたのか，学ぶ側に問題があったのか，教える側に問題があったのか，など，成績がよくなかった原因を推測することは，非常に困難である。また，たとえ推測できたとしても，継続性のある教育活動においては，手遅れになってしまっていることも考えられる。原因の推測ができなければ，当然，学習方法についても，教授方法についても，どのように改善するかを考える材料が全くないために，評価として，まったく機能していないことになってしまう。したがって，形成的評価は，他の評価と同様，学ぶ側・教える側の双方にとって，必須のものであるといってもよい。

Ⅳ-9 形成的評価

表Ⅳ-4 診断的評価，形成的評価，総括的評価の特徴 (多鹿, 2001より作成)

	評価のタイプ		
	診断的	形成的	総括的
機能	クラス分け： ● 必要とされる技能があるかないかの確認 ● あらかじめ習得されているレベルの確認 ● 各種の教授方式に関係があると思われるさまざまな特性による生徒の分類 持続的な学習上の問題点の底にある原因の確認	生徒の学習の進展に関する教師と生徒へのフィードバック 治療的な指導の方針をはっきりさせることができるよう単元の構造の中で誤りを位置づけること	単元，学期，課程の終わりに，単位を認定したり成績をつけたりすること
実施時期	クラス分けのためには，単元，学期，学年が始まるとき 通常の教授によっては十分学習できないことが一貫して明らかな場合には教授活動の進行中	教授活動の進行中	単元，学期，学年の終了時
評価の中で強調される点	認知的，情意的および精神運動的能力 身体的，心理的，環境的要因	認知的能力	一般的には認知的能力，教科によっては精神運動的能力や情意的能力も
評価手段のタイプ	予備テスト用の形成的テストと総括的テスト 標準学力テスト 標準診断テスト 教師形成のテスト 観察とチェックリスト	特別に作られた形成的テスト	期末試験，あるいは総括的テスト

(北神)

IV 学習者の認知にあった教育の評価

IV-10 自己評価

　学習活動と評価は切っても切れない関係であり，学習活動のプロセスのなかで，とても重要な位置を占めている。自ら進んで自発的に学習することは，望ましい学習態度であるのと同様，評価についても，他者からされるばかりでなく，自らが，自らの学習活動を評価するということには，何らかの教育的な意味があるのではないだろうか。

　さて，上記に関連して，評価には，評価者と被評価者の関係による分類の仕方がある。学校教育の現場で行われているほとんどの評価は，評価者と被評価者が一致しない「他者評価」であるが，評価者と被評価者が一致する，つまり，学習場面では，学習者が評価される立場であると同時に，評価する立場でもあるのが「自己評価」である。

　北尾（1991）によれば，自己評価は，次の3つの教育的機能を有している。第1は，自己強化のメカニズムによって，内発的動機づけが高められる，という点である。つまり，良い自己評価が得られた場合には，満足感などのポジティブな感情が伴い，悪い評価であった場合には，不安感などのネガティブな感情が伴うことによって，この感情が，次の学習活動に結びつく意欲の源泉となるということである。第2は，自己調節のメカニズムによって，学習の仕方を獲得することができる，という点である。これは，I-22 で紹介されている「メタ認知」に関係するもので，自己評価は，メタ認知の中でも，モニタリングの機能を向上させ，その結果，自己調節がうまく機能し，最適な学習の仕方が獲得されていく，ということである。第3は，他者評価と自己評価が相互補完的な役割を果たし，教育効果を高める点である。

　これまで，絶対評価・相対評価，診断的評価・形成的評価・総括的評価，など，さまざまな評価を見てきたが，いずれの区別においても，どれがいちばん優れているというものではない。それぞれの評価方法でメリットとデメリットが共存するため，それらの特徴を把握したうえで，目標や目的に応じて，適切に使い分ける必要がある。

Ⅳ-10 自己評価

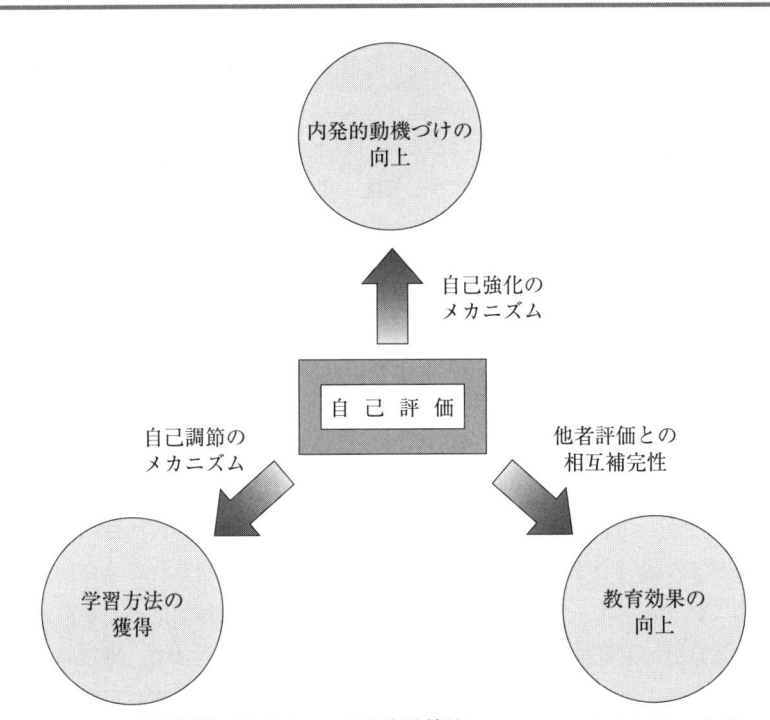

図Ⅳ-8 自己評価が有する3つの教育的機能（北尾, 1991の記述をもとに作成）
▶北尾（1991）によると，自己評価には，上図の中に示されているとおり，自己強化のメカニズムによる「内発的動機づけの向上」，自己調節のメカニズムによる「学習方法の獲得」，そして，他者評価との相互補完性による「教育効果の向上」という3つの教育的機能があるとされる。

(北神)

IV 学習者の認知にあった教育の評価

IV-11　ポートフォリオによる評価

　評価ということばを聞けば，たとえば，ペーパーテストの点数であったり，通知票の段階評定であったり，どうしても，数量的な評価がまず頭に浮かんできてしまう。こういった評価は，一言でいえば，「量的な評価」であり，非常にわかりやすいというメリットをもつ反面，数字だけが一人歩きしてしまって，学習方法や教授方法の具体的な改善につながりにくいという危うさももっている。

　教育評価の歴史は，ある意味において，上述のような量的な評価から，質的な評価へと推移してきている。その質的な評価方法のひとつに，ポートフォリオ評価が挙げられる。ポートフォリオ（portfolio）の辞書的な意味は，「紙ばさみ，折りカバン」であり，教育評価の文脈においては，学習活動に用いられたさまざまな資料をまとめたファイルという意味合いで使われる場合が多い。具体的にいうと，ポートフォリオには，学び手が学ぶ過程で集めた資料とそれに対する自分の意見や感想，そのつど感じたことを書いたメモ，班新聞，日記や連絡帳，インタビューの記録，電子メールや手紙，自己評価や相互評価を記したもの，教師や助言者からのコメント，親や地域の人々からの感想や助言，ビデオテープやカセットテープ，教科の場合にはテストなども入れておくのである（加藤・安藤，1999）。

　もちろん，雑多にいろいろなものを集めたファイル，というわけではなく，学習の目的や目標に合わせて，明確な基準のもとに，選択され，かつ，まとめられていくものである。また，ポートフォリオは，児童生徒の学びの過程を跡づけ，授業に返していくための評価方法であり，児童生徒と教師の双方が学びに対する理解を深めることで，児童生徒に自己評価力を育てることも意図している（松崎ら，2002）。

　もともとイギリスで開発されたポートフォリオは，日本においても徐々に普及されつつあるが，現状では，総合学習との関連で，実践的な研究が進められている段階であり，日本では，まだまだ開発途上にある評価方法であるといえる。

Ⅳ-11 ポートフォリオによる評価

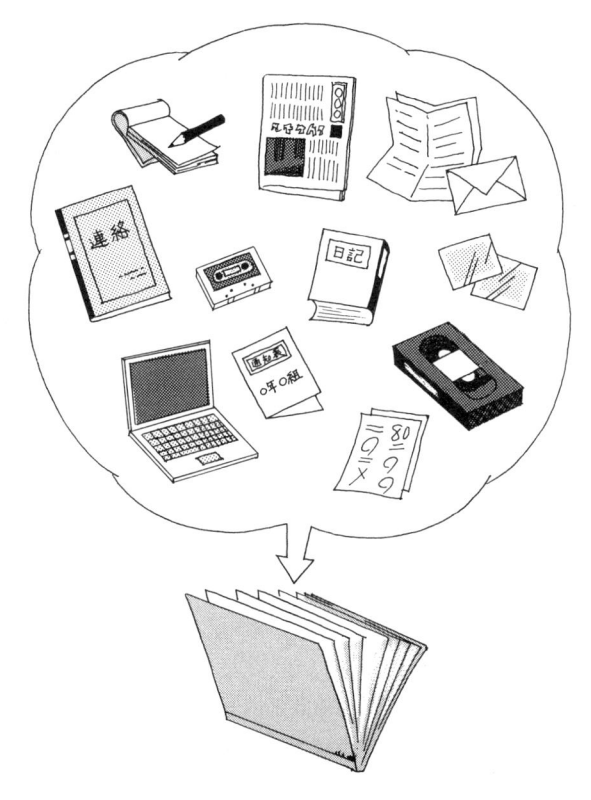

図Ⅳ-9　ポートフォリオとは？

▶ポートフォリオは，図に示されているとおり，学習者が集めた資料や意見・感想，班新聞，日記や連絡帳，インタビューの記録，自己評価や相互評価，テストなど，さまざまなものを資料としてまとめたものである。もちろん，何でも雑多にまとめればよいというものではなく，学習の目的や目標に合わせて，選択され，まとめられなければならない。

（北神）

Ⅳ 学習者の認知にあった教育の評価

Ⅳ-12　ルーブリック評価

　ルーブリック（rubric）とは，まだまだ日本ではなじみのないことばかもしれないが，日本語に置き換えれば「評価指標（評価のものさし）」のことである。表Ⅳ-5には，高等学校の普通教科「情報」の授業において，学習内容としてアルゴリズムを取り上げる場合のルーブリックの例が示されている。この表を見てわかるとおり，ルーブリックは，学習者の状態を数段階に設定し，具体的なことばで記述したものであり，「○○がいくつ以上できる」といった具体的な数値を記述した量的な「基準」と，質的な高まりを記述した「規準」のどちらもが含まれている（栃木県総合教育センター，2004）。

　ところで，上記でもカギ括弧で「規準」と「基準」という評価に関する2つの類似したことばを使い分けているが，Ⅳ-4 でも触れられているように，「評価規準」とは，学習指導要領の目標や内容を受けた質的な尺度として用いられる用語であるのに対して，「評価基準」とは，評価規準をもとに学習目標の達成度や能力の伸長を判断するための量的な尺度として用いられる用語である（山﨑・瀬端，2003）。すなわち，ルーブリックを用いた評価とは，評価規準と評価基準を組み合わせた多元的な評価であると位置づけることができる。

　また，大久保（2003）は，①各段階における子どもの状態をより具体的に表記し，だれが見ても判定が一致するようにすること，②ルーブリックは教員と児童生徒が共有すること，③ルーブリックの作成に児童生徒も何からの形でかかわること，④達成状況を示す典型的な状態をより児童生徒の立場に立った記述にすること，の4点をルーブリックの特徴として挙げており，言い方を換えれば，これらの4つが満たされたものがルーブリックであるとしている。

　さらに，大久保（2003）は，ルーブリックの作成によって期待できる効果として，主観や印象で評価されがちな態度や技能がより客観的に評価できるようになるばかりか，児童生徒が自己の到達状況を客観的に把握し，明確な目標をもって学習活動に取り組むようにできることを挙げている。最近では，その有効性を実証した報告が多くなされるようになってきたため，今後，実際の教育現場での活用が期待される。

IV-12 ルーブリック評価

表IV-5　アルゴリズムにおけるルーブリックの例（栃木県総合教育センター，2004より作成）

	評価項目	A	B	C
1	意欲的な活動	授業の時以外も積極的に活動した	授業中は積極的に活動した	授業中は活動に参加した
2	コンピュータの周辺装置	5つ以上覚えている	3つ以上覚えている	2つ以上覚えている
3	コンピュータの動作	すべて理解でき，他の人に説明できる	だいたい理解でき，教科書を読んで意味がわかる	2,3の動作については理解している
4	情報の活用	自分で調査して得た資料，図書資料，インターネットの資料などをもとに，情報を正しいかどうか，自分の情報として活用した	自分で調査して得た資料，図書資料，インターネットの資料などをもとに，それをまとめて資料を作成した	1つの情報源の内容をもとにまとめた
5	問題解決の手順	自ら解決手順を考え，それにしたがって情報を集め，解決策を見いだした	友達が考えた解決の手順に沿って情報を集め，解決策を見いだした	友達の解決手順をまねて解決することができた
6	フローチャートの記号と使い方	記号を6個以上理解し，利用できた	記号を4個以上理解し，利用できた	記号を理解できたのは2個以上であった
7	アルゴリズムの基本構造	アルゴリズムの構造を3通り理解でき，応用問題を解くことができた	アルゴリズムの構造を2通り理解でき，応用問題を解くことができた	アルゴリズムの構造について1つは理解できた
8	表計算ソフトを使ったプログラミング	課題を3つとも解くことができた	課題を2つ解くことができた	課題を1つ解くことができた

（北神）

IV-13　認知機能ベースの学力評価と知識・技能ベースの学力評価

II-23 において，さまざまな学力の状態は，一般的方略，領域固有知識，メタ認知の3つの構成からなっていることを述べた。これにしたがえば，評価においても同様に，学力の構成要素を評価することが求められる。たとえば，算数の文章題を解く力（問題解決能力）だけを評価するのではなくて，その問題解決を可能にしている認知の要素を評価することが必要となってくる。

一般に，算数や数学の問題解決能力は，問題を与えてその問題が解けたかどうかによって評価される。このような評価は，数学的な技能が使えるかどうかや知識を知っているかどうかといったことを評価しているのであり，知識・技能ベースの学力評価と呼ばれる（岡本・加藤・西森・三宮，2003）。一方，上で述べたような問題解決を可能にしている認知の構成要素を評価する評価の方法は，認知機能ベースの学力評価とよばれる。

評価が指導の改善として機能するためには，子どものどのような認知の要素が十分でないのかを明らかにしておく必要がある。言い換えると，問題が解けるかどうかではなくて，問題が解けない原因がなんであるのかを明らかにしておく必要がある。このような学力を構成する要素に分解し，それぞれの要素の認知機能レベルでの評価，すなわち認知機能ベースの学力評価を取り入れていくことが必要である。

たとえば，数学の問題解決においては，問題を与えられた時に，その問題がどのような数学的思考や数学的技能を必要とする問題なのかを判断する必要がある。そして，それを可能にしているのは，生徒自身の知識構造であることは，I-2 や I-5 で述べた。すなわち，既習の学習内容を相互に関連づけて，構造化された知識となっていないことが原因となって，問題をうまく解けない生徒が存在する可能性は非常に高い。しかしながら，問題が解けたかどうかを評価する知識技能ベースの学力評価では，このような生徒の知識構造の不十分さということについて評価することができない。

今後の学力評価においては，知識技能ベースの学力評価に加えて，認知機能ベースの学力評価を導入することが望まれる。

Ⅳ-13　認知機能ベースの学力評価と知識・技能ベースの学力評価

【問題の解き方がよくにているものどうしをグループにしてください。】

① ひろしくんの歩く速さは時速4 kmです。ひろしくんはかっこいいくつをはいていました。ひろしくんは2時間30分で何km進むでしょう。

② なつみさんは家を出てから2時間歩いて8 kmはなれた場所に着きました。着いたところにはスーパーがありました。なつみさんの歩く速度は時速何kmだったでしょう。

③ まりさんは時速5 kmで歩いて7.5 kmはなれたとなり町に着きました。まりさんはちょっと急いでいました。まりさんは何時間歩いたでしょう。

④ としやくんは自転車を時速10 kmでこいで，2 kmはなれたスーパーに行きました。自転車の空気はちょうど良いくらいでした。としやくんは自転車を何分こいだでしょう。

⑤ たけしくんは家から自転車を3時間こいで36 kmはなれた駅に着きました。たけしくんの自転車はマウンテンバイクでした。たけしくんの自転車の速度は時速何kmだったでしょう。

⑥ のぞみさんは自転車を分速400 mでこぎます。自転車の色は赤と白のしましまもようです。のぞみさんは40分で何km進むでしょう。

答え

図Ⅳ-10　文章題の知識構造を測定するための分類課題（岡本，2002）
▶問題解決を求めるのではなく，解き方の類似性で問題を分類できるということは，解き方の知識構造をもっていると考えられる。

(岡本)

Ⅳ 学習者の認知にあった教育の評価

Ⅳ-14　分類課題を用いた知識構造の評価

　岡本らの研究グループでは，数学の問題を分類するという分類課題を用いて，生徒の知識構造を評価するという方法を開発している（加藤・岡本・西森・三宮，2003）。彼らは下のような，18問の数学問題を与えて，それらの18問を「解くときの考え方」が似ている問題同士でグループをつくらせた。この分類課題では，生徒に中学校2年生までに学習した方程式，関数など6領域の問題をそれぞれ3問ずつ含まれている。同じ領域の3問それぞれは，数学的思考のわかりやすさによって3つのレベルになっている。もし生徒が，数学的思考や考え方に基づいて，学習内容を構造化した知識構造を形成しているのだとしたら，これらの18問を分類させると一定の構造を示すはずである。

　中学3年生96名と高校1年生196名を対象とした調査の結果からは，中学3年生（図Ⅳ-12）では，18問それぞれが断片的に結びついており，明確な知識構造は見て取れないのに対して，高校1年生（図Ⅳ-11）では，関数，方程式，図形問題，確率などと学習内容ごとに構造化されていることがわかる。

【問　題】
　上の表の問題をよく読んで，それぞれの問題を解くときの考え方が似ている問題同士をまとめてグループを作って下さい。
また，それぞれのグループはどんな問題のグループなのかを考えて，そのグループの説明を記入して下さい。問題を解く必要はありません。
　解答欄は12個ありますが，グループの数はいくつでもかまいません。問題が一つだけのグループがあっても，問題が複数のグループがあってもかまいません。ただし，一つの問題は一つのグループにしか入れてはいけません。

1 缶ジュースを51本買うと，その合計金額の百の位が分からず，5□10円でした。このとき，缶ジュース1本の値段と，合計金額を求めなさい。	2 x＝5のときy＝3で，xが5増加するとyは2増加するような，1次関数の式を求めなさい。	3 四本脚の椅子は置く場所によってはがたついたりすることがあるのに，三本脚の椅子ではそんなことはありません。それはなぜでしょうか。
4 2けたの自然数があります。この数の十の位の数の3倍から一の位の数の2倍をひいた差は1になります。また，十の位の数字と一の位の数字を入れかえてできる数は，もとの数より9大きくなります。もとの自然数を求めなさい。	5 グラスAとグラスBのふちを合わせると，ぴったり重なります。グラスAいっぱいに入っているジュースを，何も入っていないグラスBにうつします。Bのどのくらいまでジュースは入りますか。	6 下の図でAB＝AD，BE＝DCならば，BC＝DEである。このことを証明しなさい。
⋮	⋮	⋮

番号	問題番号	グループの説明	番号	問題番号	グループの説明
1			7		
⋮					

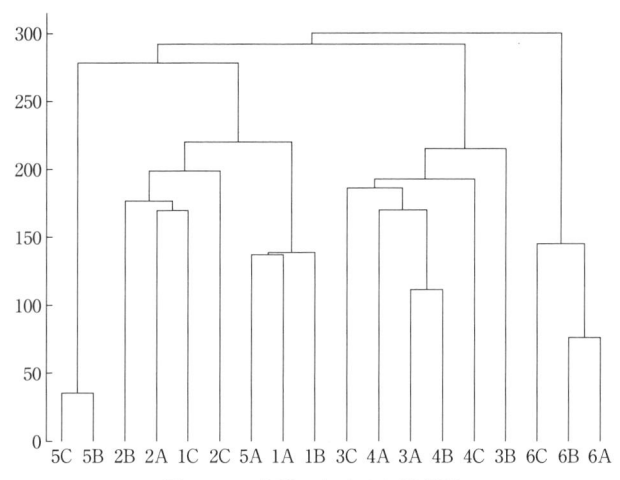

Ⅳ-14 分類課題を用いた知識構造の評価

図Ⅳ-11 高校1年生の知識構造

▶高校生は，18問の問題を大きく4つのグループに分けている。

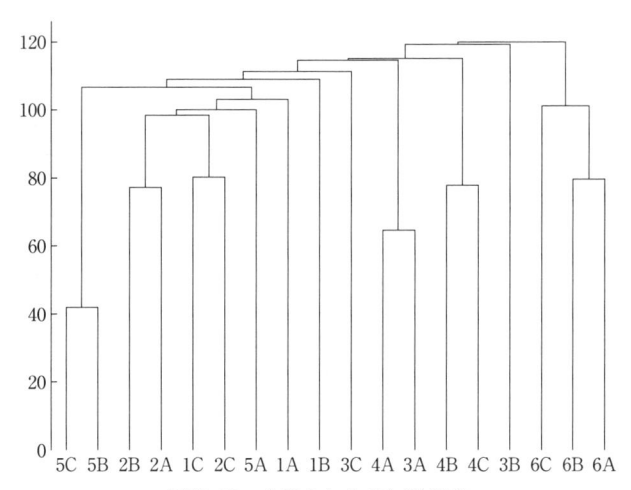

図Ⅳ-12 中学3年生の知識構造

▶中学生は，左の2問（関数）をのぞいて明確なグループが見られず，18問をバラバラなものとしてとらえている。

(岡本)

引用文献 (アルファベット順)

Baddeley, A.D. (2000). The episodic buffer: a new component of working memory? *Trends in Cognitive Sciences,* 4, 417-423.

Bandura, A. (1977). Self-efficacy: Toward a unifying theory of behavioral change. *Psychological Review,* 84, 191-215.

Bransford, J. D., Stein, B. S., Vye, N. J., Franks, J. J., Auble, P. M., Mezynski, K. J., & Perfetto, G. A. (1982). Differences in approaches to learning: An overview. *Journal of Experimental Psychology: General,* 111, 390-398.

Brown, J. S. & Burton, R. R. (1978). Diagnostic models for procedural bugs in basic mathematical skills. *Cognitive Science,* 2, 155-162.

Bruer, J. T. (1993). *Schools for thought.* A Science of Learning in the Classroom. Cambridge, MA: The MIT Press. (松田文子・森敏昭 (監訳) (1997). 授業が変わる 北大路書房)

Carmichael, L., Hogan, H. P., & Walter, A. A. (1932). An experimental study of the effect of language on the reproduction of visually perceived forms. *Journal of Experimental Psychology,* 15, 73-86.

Chi, M. T. H. (1978). Knowledge structures and memory development. In R. Siegler (Ed.), *Children's thinking: What develops?* Hillsdale, NJ: Erlbaum.

Collins, A.M., & Loftus, E.F. (1975). A spreading-activation theory of semantic processing. *Psychological Review,* 82, 407-428.

Cummins, J. and Swain, M. (1986). *Bilingualism in education.* New York: Longman Group Ltd.

Deci, E. L. (1971). Effects of externally mediated rewards on intrinsic motivation. *Journal of Personality and Social Psychology,* 18, 105-115.

Dweck, C. S. (1986). Motivational process affecting learning. *American Psychologist,* 41, 1040-1048.

Feldman, S. S., & Eliot, G. R. (1990). *At the threshold: The developing adolescent.* Harvard University Press.

Fruland, R., Winn, B., Oppenheimer, P., Sarason, C., & Stahr, F. (2002). *Science education using a computer model-virtual puget sound.* Presented at the American Geophysical Union (AGU) Fall Meeting San Francisco, CA.

藤澤和子 (2001). 視覚シンボルでコミュニケーション：日本版PIC活用編　ブレーン出版

藤澤和子・林　文博・井上智義 (1998). 視覚シンボルによるコミュニケーション：日本版PIC絵カード集　ブレーン出版

藤田哲也 (2006). 心理学を活かした教育実践のために　井上智義 (編)　視聴覚メディ

アと教育方法 Ver.2—認知心理学とコンピュータ科学の応用実践のために　北大路書房
布施光代・山名裕子（2006）．図表の読みとりと認知スタイルの関連　日本認知心理学会第4回大会発表論文集, 136.
Gentner, D. (1982). Are scientific anoalogies metaphors? In D.S.Miall (ed.), *Metaphor: Problem and perspective*. New Jersey: Humanities Press.
波多野誼余夫・稲垣佳世子（1983）．文化と認知—知識の伝達と構成をめぐって—　坂元昂編　現代基礎心理学7　思考・知能・言語　東京大学出版会
Hatano, G., & Inagaki, K. (1986). Two courses of expertise. In H. Stevenson, H. Azuma, & K. Hakuta *Child development and education in japan*. New York: W. H. Freeman
堀口秀嗣（2001）．プレゼンテーションの視点　日本教育情報学会第17回年会論文集, 18-19.
Iaccino, J.F. (1993). *Left brain-right brain differences: Inquiries, evidence, and new approaches*. New Jersey: Lawrence Erlbaum Associations, Publishers.
井出賀津雄（1999）．誤答分析を利用した授業づくり　北尾倫彦（編）自ら学び自ら考える力を育てる授業の実際　図書文化, 210-213.
市川伸一（1995）．学習と教育の心理学　岩波書店
井上智義（1989）．第2言語教授法「言語治療・習得法」の提唱：コミュニケーション傷害の領域で用いられている言語指導技法の応用大阪教育大学障害児教育研究紀要, 12, 1-12.
Inoue, T. (1991). Encoding activities by preschool children under orienting versus learning instructions: Are onomatopoeias associated with more concrete images? *Japanese Psychological Research*, 33, 11-17.
井上智義（2002）．異文化との出会い！子どもの発達と心理：国際理解教育の視点からブレーン出版
井上智義（2004）．福祉の心理学　サイエンス社
井上智義（2005）．バイリンガルの言語習得と生活文化　同志社大学教育文化学研究室編　教育文化学へ挑戦　第4章　明石書店
Inoue, T. (2006). Memory in deaf signers and embodied cognition of sign languages. *Japanese Psychological Research*, 48, 223-232.
鹿毛雅治（1995）．内発的動機づけ　宮本美沙子・奈須正裕（編）達成動機の理論と展開－続・達成動機の心理学　金子書房
陰山英男（2002）．本当の学力をつける本—学校でできること　家庭でできること　文藝春秋
梶田叡一（1992）．教育評価　有斐閣
加藤久恵・岡本真彦・西森章子・三宮真智子（2003）．分類課題を用いた生徒の数学的思考の分析　日本科学教育学会年会論文集27, 357-360.
加藤幸次・安藤輝次（1999）．総合学習のためのポートフォリオ評価　黎明書房

引用文献

川井栄治・吉田寿夫・宮元博章・山中一英（2006）. セルフ・エスティームの低下を防ぐための授業の効果に関する研究：ネガティブな事象に対する自己否定的な認知への反駁の促進　教育心理学研究, 54, 112-123.
Kellogg, R.T.（2003）. *Cognitive Psychology.* Thousand Oaks : Sage Publications, Inc.
岸本裕史（1996）. 改訂版 見える学力、見えない学力　大月書店
北尾倫彦（1991）. 学習指導の心理学　有斐閣
北尾倫彦・岡本真彦（1993）. 物語の記憶と理解における画像情報の効果　心理学研究, 63, 404-408.
越桐國雄（2005）. 高等学校の教科情報と物理の連携―自然現象のモデル化とシミュレーションの展開例　大阪教育大学紀要 第Ⅴ部門, 54, 109-114.
国立教育政策研究所（2004）. 生きるための知識と技能　ぎょうせい
Krashen, S.D.（1982）. *Five hypotheses about second-language acquisition : Principles and practice in second language acquisition.* Pergamon Press.
Luchins, A. S.（1942）. Mechanization in problem solving. *Psychological Monographs,* Vol. 54, No. 248.
松尾博文・倉内佐代・渡辺絵理・井上智義（2004）.「バイリンガルにおける語連想：日英二言語での月名を刺激に用いて」日本認知心理学会第2回大会発表論文集, 36.
松崎正治・古澤豪秀・中尾ゆみ子・北村順子（2002）. ポートフォリオを用いた評価の研究　鳥取大学教育地域科学部教育実践研究指導センター研究年報, 11, 15-28.
文部科学省（2002）. 情報教育の実践と学校の情報化―新「情報教育に関する手引」
（http : //www.mext.go.jp/a_menu/shotou/zyouhou/020706.htm）
文部科学省（2003）.［確かな学力］を育む［わかる授業］の創意工夫
（http : //www.mext.go.jp/a_menu/shotou/actionplan/03071101/001.pdf）
文部科学省：中央教育審議会（答申）（2005）. 特別支援教育を推進するための制度の在り方について
西森章子・岡本真彦・三宮真智子・加藤久恵（2005）. 大学生における日常的有効性認知から見た数学学習内容の分析　教育工学会論文誌, 28（Suppl.）, 213-216.
岡本真彦（1992 a）. 算数文章題の解決におけるメタ認知の検討　教育心理学研究, 40, 81-88.
岡本真彦（1992 b）. 小学生における学習スキルの発達と原因帰属の関係　広島大学教育学部紀要, 41, 111-115.
岡本真彦（1995）. 物語の理解と記憶における音声情報・画像情報の役割　関西心理学会第107回発表論文集, 19.
岡本真彦（1999）. 算数文章題の解決におけるメタ認知の研究　風間書房
岡本真彦（2002）. 文章題分類課題における目標明示の効果(2)　日本教育心理学会第44回大会発表論文集, 534.
岡本真彦（2004）. 小学校におけるメタ認知を生かした学習活動を目指して　平成15年度宝塚市立西谷小学校研究紀要, 3-6.

岡本真彦・馬場園陽一（1990）. 物語文の理解と記憶に及ぼすメタ認知方略教示の効果　高知大学教育学部研究報告, 42, 185-197.

岡本真彦・加藤久恵・西森章子・三宮真智子（2003）. 数学的思考と論理的思考をつなぐための認知心理学的アプローチ　日本科学教育学会年会論文集27, 107-110.

岡本真彦・西森章子・加藤久恵・三宮真智子・高橋哲也・川添充（2005）. 数学的思考から論理的思考への転移を導く教授プログラムの開発　文部科学研究費補助金特定領域研究「新世紀型理数科系教育の展開研究：研究項目Ａ02論理的思考力や創造性・独創性を育むための教育内容や指導方法・教材等の研究」平成15・16年度研究成果報告書, 129-136.

大久保久美（2003）. ルーブリックを生かした形成的評価とその活用に関する研究　山梨県総合教育センター研究紀要, 1-7.

オリヴェリオ, A. 川本英明（訳）（2002）. 覚える技術　翔泳社

Paivio, A. & Begg, I. (1981). *Psychology of language.* Eaglewood Cliffs : Prentice-Hall Inc.

Rosh, E. & Mervis, C. G. (1976). Family resemblances : Studies in the internal structure. *Cognitive Psychology,* 7, 382-439.

Schank, R.C., & Abelson, R. (1977). *Scripts, plans, goals and understanding.* NewJersey : Lawrence Erlbaum Associates.

Snow, R. E., Tiffin, J., & Seibert, W. F. (1965). Individual differences and instructional film effects. *Journal of Educational Psychology,* 56, 315-326.

滝聞一嘉・坂本章（1991）. 認知的熟慮─衝動性尺度の作成─信頼性と妥当性の検討　日本グループダイナミクス学会第39回大会発表論文集, 39-40.

田中耕治（2005）. よくわかる教育評価　ミネルヴァ書房

栃木県総合研究センター（2004）. 普通教科「情報」の指導に関する調査研究－普通教科「情報」の指導と評価について　栃木県総合研究センター

Ur, P. (1998). *Grammar Practice Activities : A practical guide for teachers.* Cambride University Press.

山崎晃（1994）. 衝動型─熟慮型認知スタイルの操作方略に関する研究　北大路書房

山﨑保寿・瀬端淳一郎（2003）. 学習促進的評価に基づくルーブリックの活用に関する研究　信州大学教育学部附属教育実践総合センター紀要教育実践研究, 4, 9-18.

横山琢郎・平嶋宗・岡本真彦・竹内章（2007）. 単文統合による作問を対象とした学習支援システムの長期的利用とその効果　日本教育工学会論文誌, 30, 333-341.

吉冨友恭・今井亜湖・山田雅行・埴岡靖司・前迫孝憲（2003）. 映像を活用した環境学習空間の構築　日本教育工学会第19回全国大会講演論文集, 177-178.

さくいん

あ行

ITS（Intelligent Tutoring System）　106, 108
IT機器　102
アクセス　4
新しい学力観　86
アナロジー　18, 19
アナロジー的思考　18
アナロジーモデル　18
暗算　46
アンダーマイニング現象　40

閾値仮説　123
生きる力　44, 46, 48, 88
異言語間コミュニケーション　126
意識的気づき　96
意識的に気づく力　44
一方向　110
一般的方略　44, 96, 158
意図記憶　59
意図的な学習　76, 124
意図的に学習した内容　54
異文化　66
異文化理解　66
意味記憶　2, 16
イメージ化　62
イメージシステム　24
イメージ的直観的な思考　23
意欲　34, 144, 146
イラスト　24, 26, 27, 58

インターネット　102
Webブラウザ　106
運動感覚　62
運動機能　126
英語　52, , 56, 126
英語教育　54
映像教材　102
映像コンテンツ　102
AAC（Augmentative Alternative Communication）　126
ATI（Aptitude-Treatment Interaction）　80
ADHD（Attention Deficit/Hyperactivity Disorder）　120
エピソード的バッファ　17
LD（Learning Disabilities）　120
演繹　20, 21
演繹的な教授法　52
横断的個人内評価　140
応用　46, 54
応用言語学者　76
オーサリングツール　106
奥行きの知覚　22
音韻ループ　17
音源定位　22
音声言語　126, 128

音声情報　31
音声ファイル　126

か行

外国語　124
外国語教育　61
階層構造　74, 103
概念　3, 14
概念の区別　142
概念のネットワーク　4
外発的動機づけ　38, 40
会話能力　76
顔の表情　60
科学的理解　106
画一的な指導　84
学業成績　136
拡散的思考　122
学習　2, 30, 76
学習意欲　146, 148
学習課題の困難さ　48
学習活動　36, 86, 114
学習過程　148
学習環境　5
学習グループ　84
学習形成　88
学習効果　5, 146
学習行動　78, 150
学習したシステム　76
学習指導　78, 102, 142
学習者　48, 60
学習習慣の形成　72
学習障害　120
学習スキル　40, 78
学習性無力感　36

167

学習態度	152	活性化拡散モデル	4, 5	教育効果	110
学習適性	80	カテゴリー	3	教育的ニーズ	120
学習動機	38	カテゴリー判断	6	教育方法	148
学習到達度	84, 108	構え	42	教育メディア	110
学習内容の重要性	38	カラー画像	30	教育目標	136
学習仲間からの評価	65	カリキュラム	86	教育用映像	102
学習能力	114	関係図	74	教育用画像素材	103
学習の構え	42	観察	64, 90	教科書	94
学習の構成要素	158	観察可能な行動	148	教科の学習	88
学習の功利性	38	漢字	46	教具	30
学習の転移	42	観点別評価	144	教材	30, 80, 84
学習の到達度	80	記憶	2, 6	教師からの評価	65
学習のパラドックス	76	記憶研究	62	教室環境作り	34
学習評価	140	記憶実験	58	教授・学習過程	150
学習プリント	46	記憶術	68	教授活動	12, 48
学習方法の好み	148	記憶成績	62	教授法	80
学習方略	78	記憶能力	10	教授行動	150
学習目的	30	記憶力	11	筋運動感覚	62
学習目標	34, 38, 84, 140	機械的な記憶	148	空書	62
学年集団	144	疑似体験	110	偶発的な学習	76, 124
学力	34, 44, 86, 96, 140	規準	110, 156	偶発的に身につけた内容	54
学力形成	82, 140	基準	140, 156	具体性	102
学力低下	88	基礎学力	82	具体的操作期	78
学力到達レベル	136	規則や法則の発見	19	具体的なイメージ	58
学力レベル	84	既存の知識	5, 10, 16, 18	計算	46
学力を構成する要素	96	期待目標	134	計算指導方法	72
数ブロック	78	既知感	6	計算力	82
画像	30, 31	帰納	20, 21	形成的評価	84, 150
画像加工ソフト	106	技能	2, 46, 60, 70	継続的なサポート	120
仮想空間	110	機能的な教授法	52	軽度発達障害	120
仮想現実	110	技能の習熟	46	結果期待	36
画像情報	30	帰納法	20	原因帰属	36
課題解決	88	逆効果	28	原因帰属理論	36
課題選択学習	86	9歳の壁	128	言語隠蔽効果	28
課題発見能力	96	既有知識	10, 80		
学級集団	114, 144	教育基本法	134		
活性化	4, 12, 16				

さ く い ん

言語形式　61
言語システム　24
言語指導　124
言語情報　16, 17, 24
言語治療・習得法　124
言語内容　61, 124
言語能力　124
言語反応　14
言語表現　124
言語理解　16, 56
言語連想　14
検索　24, 126

効果的な学習　48
高機能自閉症　120
公式や定理　52
口述筆記　128
構造化　10, 74
構造化された知識
　　　　　94, 158
行動　36
行動観察　148
行動様式　66
合理的な判断　23
効力期待　36
口話教育　128
語学　76
語学学習　54, 65
国語　82, 116
国際理解教育　66
個人差　32, 84, 86
個人的特性　80
個人内評価　140, 144
個性　140
個性化　80
5段階評価　136
固定的熟達化　46

固定的知能観　34
固定的なイメージ　58
誤答パターン　118
誤答分析　118
ことばの維持　122
ことばの習得　124
子ども同士の学び合い
　　　　　　114
個別指導　82
コミュニカティブ・アプローチ　54
コミュニケーション
　54, 56, 76, 124, 128
コミュニケーション能力
　　　　　54, 60
固有知識　96
語連想　14
語呂合わせ　68
コンピュータ・グラフィクス　26, 110
コンピュータ操作　71
コンピュータ・ソフト
　　　　　126

さ 行

作文　44, 98
作問学習　108
作問システム　108
挿絵　30
3次元の映像　110
3次元の画像　110
算数　52, 82, 108158
算数障害　120

CAI（Computer Assisted Instruction）　106

CMI（Computer Managed Instruction）　106
ジェスチャー　60
視覚　130
視覚イメージ　3
視覚イメージ情報
　　　　　16, 24
視覚障害　130
視覚シンボル　5, 13, 26, 27, 124, 126, 128
視空間スケッチパッド
　　　　　17
刺激語　14
資源　74
思考　20, 94
思考力　96, 148
自己強化　152
自己効力　36
自己効力感　146
自己制御　98
自己調節　152
自己評価力　154
指示対象　58
自信　34, 36, 146
自尊感情　146
自尊心　146
視聴覚機器　128
実験課題　63, 90
実験群　146
実習　70
十進数の学習　78
実践研究　146
実践力　106
質的（な）評価
　　　　148, 149, 154
指導案　134
指導計画　120

169

児童期　98	照合　6	数学的思考　90, 160
指導形態　84	少数派　122	数学的思考力　94
指導内容　84	衝動型　32	数学的リテラシー　92
指導の改善　158	衝動性　32	スキーマ　2, 8, 68
指導要領　88, 134, 136	情報　156	スキーマ構造　11
シミュレーション　60, 64, 104, 110	情報活用　106	スクリーンリーダ　130
シミュレーションソフト　104	情報活用能力　106	スクリプト　8, 56
	情報機器　106, 112, 130	図表　30, 74
	情報教育　106, 112	
社会科　102	情報社会　106	生活文化　66
社会性の育成　114	情報処理　2	生活様式　66
社会的感受性　122	情報処理過程　32	静止画　30, 103
社会的文化的な知識　56	情報操作能力　106	成績　144
社会的文化的な背景　60	情報の抽象度　26	精緻化　68
写真　27, 30, 58	情報の発信　112	精緻な符号化　24
集合数　142	情報保障　130	正の転移　42
習熟　46	情報量　26	絶対評価　136
習熟度別学習　80, 84	触地図　130	セルフ・エスティーム　146
集団　136	初心者　48	
縦断的個人内評価　140	初心者―熟達者研究　48	線画　27
縦断的な評価　82	触覚情報　130	宣言的記憶　70
習得　70, 76	情報量　74	宣言的知識　2
習得したシステム　76	資料集　74	全身応答法　62, 63
主観的な判断　136	人格形成　140	
授業計画　104	神経心理学的な研究　22	総括的評価　150
授業形式　88	身体接触　60	想起　12
授業場面　114	診断的評価　150	相互依存仮説　122
熟達化　46	心的回転　90	総合学習　154
熟達者　48	新統合理論　96	総合的な学習　88
熟慮型　32	心理学　90	創造的な技能　148
熟慮性　32	進路指導　138	創造的な思考　19
手話　62, 128		増大的知能観　34
手話通訳　128	推理　20, 21	相対評価　136
順序数　142	推論　16	双方向的　104
順序づけ　140	推論的理解　30, 31	測定　142
障害　120, 126	数学　82, 90, 160	ソフトウェア　106
状況モデル　16	数学教育　94	

さくいん

た行

第1言語　122
体験　64, 88, 102
体験学習　90
対人積極性　80
体制化　24
態度スキル　78
第2言語　122
第2言語教授法　62
大脳半球　22
多次元的な評価　140
他者制御　98
他者評価　152
妥当性　148
単元の学習　114
単純反復　72

チームティーチング　82
チェック・リスト　148
チェック・リストを用いた
　評価　149
逐語的な記憶　31
知識・技能ベースの学力評
　価　158
知識構造
　　4, 5, 58, 68, 158, 160
知識詰め込み型　96
知識伝達型　82
知的好奇心　40
知的な初心者　48
知的能力観　34
知能観　34
知能検査　32
中央教育審議会　120
中央制御系　17
中国語　126
抽象化　8

抽象概念　78
抽象的な処理　23
聴覚　128
長期記憶　2, 16
貯蔵　24
直感的な判断　22

通級指導　120
筑波技術大学　130

ディベート　64
データグローブ　110
データスーツ　110
手がかり　68
適応的熟達化　46
適性　80
適性処遇交互作用　80
デジタルカメラ　106
デジタルビデオカメラ
　　106
テスト項目　142
テスト的質問　60
手続き的記憶　70
手続き的知識　2
転移　42, 72, 94
転移可能な学力　94
典型性　6
電子化された図書　130
点字図書　130
点字ピンディスプレイ
　　130
点字プリンタ　130
点字・録音図書　130
伝達手段　60
伝統的な学習観　114
伝統文化　66
点訳データ　130

電話の会話　56

動画　30, 103
等価な意味　14
動機　38
動機づけ　36, 40, 72, 148
統制群　146
到達度　80
到達度評価　136
到達目標　134, 144
到達レベル　114
特殊学級　120
特殊教育　120
特別支援教育　120
読解成績　10
トップダウン　8
努力　146
ドリル教材　46

な行

内発的動機づけ　38, 152
難聴児　128

2言語　122
二重符号化説　24
日常的な場面　94
日本語　122, 124, 126
日本点字図書館　130
認知活動　20
認知活動の領域固有性
　　98
認知過程　6
認知機能　22
認知機能ベースの学力評価
　　158
認知システム　24
認知心理学　2, 4, 48

171

認知スタイル
　　　22, 32, 33, 122, 148
認知的熟慮性　32
認知的衝動性　32
認知的処理　74
認知の個人差　32
認知発達　78
認知プロセス　6

ネットワーク　4
ネットワーク構造　74
年表　74

能力　64
ノートテイキング　128
ノーマライゼーション
　　　120
ノンバーバル・コミュニケーション　60

は行

場依存性　32
バイリンガル　14
場所法　68
パターン図形　28
罰　40
発達段階　78
発達的変化　78
発問　116, 146
発話行動　76
発話の生成　56
場独立　122
場独立性　32
ハプティックデバイス
　　　110
判断力　96
反応時間　4

引き算方略　118
左半球　22
筆談　128
ビデオ映像　26
批判的な判断力　148
被評価者　152
100マス計算　42, 72
比喩　18, 19
評価　34, 64, 82, 136, 142
評価規準　82, 156
評価基準　156
評価シート　82
評価指標　156
評価者　82, 152
評価の基準　140
表形式　74
表現の力　114
表現力　96
標準偏差　138
表象　14

VR体験学習　110
フィードバック
　　　60, 65, 150, 146
フィールド観察　102
VTR (Video Tape Recorder)
　　　104
福祉　120
符号化　24
物理　104, 110
負の転移　42
プレゼンソフト　106
プレゼンテーション
　　　112
プロトタイプ　6
文化　8, 14, 66

文化的背景　66
文章記述による評価
　　　149
文章題　44, 96, 98
分析的な処理　23
文法　54, 56
文法訳読法　52, 54
文脈　4, 12, 128
文脈を取り入れた学習
　　　56
文理解　17
分類課題　160

平均顔　6
平均値　138
平均点　136
偏差値　138

報酬　40
方略　48, 118
ポートフォリオ評価
　　　154
母語　122
ポジティブな感情　152
補助代替　126

ま行

マイノリティ　122
マクロ命題　16
学び方　96
学びの過程　154
学ぶ意欲　96
マルチメディア　110
マルチメディア教材　30

右半球　22

さくいん

無意識　4

命題　16
メタ言語　122
メタ認知
　　　44, 78, 96, 98, 152, 158
メタ認知技能　48
メタ認知制御　44, 98
メタ認知知識　44
メタ認知能力　98
メッセージ　60

盲・聾・養護学校　120
モーフィング技術　7
模擬試験　138
模擬実験　104
模擬体験　104
目標準拠評価　134, 144
目標に準拠した評価
　　　　　　　136
目標への到達度　144
模型　24, 58
モニター仮説　76
モニタリング　98, 152
物語スキーマ　10
物語の記憶　30
問題解決　2, 8, 44, 93

問題解決能力
　　　　　96, 108, 158
問題文　92
文部科学省　120

や行

やる気　40

優越感　84

幼児期　98
容量　16
欲求　40
読み　44
読み上げソフト　130
読み障害　120
読み取りの視点　33

ら行

ラベル　28

理解　10, 16, 17, 30
理解スキル　78
理解力　146
立体的な模型　26
領域　96
領域固有知識

　　　　　　44, 48, 158
領域固有の認知活動　98
領域普遍の認知活動　98
量的な評価　148, 154
リンク　4

類推　96
ルーブリック　156

歴史　102
歴史の学習　74
劣等感　84
連合学習　72
練習問題　52, 94
連想　4, 14
連想関係　4
連想語　14

ロールプレイ　64, 65
論理的な思考　22

わ行

ワーキングメモリ　16
ワープロソフト　106
割合　92

[執筆者]

井上智義（いのうえ・ともよし）
1978　京都大学教育学部教育心理学専攻卒業
1982　京都大学大学院教育学研究科博士後期課程退学
1997　博士（教育学）
現在　同志社大学社会学部教授
主著　『視聴覚メディアと教育 Ver.2』（編著）北大路書房（2006），『福祉の心理学』（単著）サイエンス社（2004），『異文化との出会い！　子どもの発達と心理：国際理解教育の視点から』（編著）ブレーン出版（2002）

岡本真彦（おかもと・まさひこ）
1990　高知大学教育学部小学校教員養成課程卒業
1992　大阪教育大学大学院教育学研究科修士課程修了
1993　広島大学大学院教育学研究科博士課程後期中退
1998　博士（教育学）
現在　大阪府立大学人間社会学部准教授
主著　『実験で学ぶ発達心理学』（分担執筆）ナカニシヤ出版（2004），『学校教育の心理学』（共著）北大路書房（1999），『算数の文章題解決におけるメタ認知の研究』（単著）風間書房（1999）

北神慎司（きたがみ・しんじ）
1997　同志社大学文学部文化学科教育学専攻卒業
2002　京都大学大学院教育学研究科博士後期課程単位取得退学
2003　博士（教育学）
現在　名古屋大学大学院環境学研究科准教授
主著　『記憶の心理学と現代社会』（分担執筆）有斐閣（2006），『画像の記憶における言語的符号化の影響』（単著）風間書房（2004），『ビジュアル・コミュニケーション―効果的な視覚プレゼンの技法―』（共著）北大路書房（2002）

教育の方法　心理学をいかした指導のポイント	
2007年10月10日　初版発行	
2014年 9 月 3 日　初版第 4 刷	

	著　　者ⓒ	井　上　智　義
		岡　本　真　彦
		北　神　慎　司
検印廃止	発　行　者	大　塚　栄　一

発行所　株式会社 樹村房 JUSONBO

〒112-0002　東京都文京区小石川 5 丁目11番 7 号
電　話　東　京 (03) 3868-7321
Ｆ ＡＸ　東　京 (03) 6801-5202
http : //www.jusonbo.co.jp/
振替口座　　00190-3-93169

印刷・亜細亜印刷株式会社／製本・愛千製本所
ISBN 978-4-88367-137-3　乱丁・落丁本はお取り替えいたします。

【11の指導

個性の理解と伸長　同じ学年の子どもであっても，すでにもっている知識の量には違いがある。仮に同じくらいの知識や技能を有している子どもが二人いたとしても，その二人の理解度に違いがあることも珍しくはない。学習者一人ひとりは生身の人間であるから，その時々の興味や関心は異なっていて当然である。同じ学習内容を理解するにしても，学習の取り組み方にも，一人ひとりの好みがある。

特別支援教育　いわゆる優等生のクラスの中での行動や反応は，ある程度似通っていて，予想可能なものが少なくない。しかし，障害のある子どもや授業のペースについていけない子どもがもっている問題点は実にさまざまで，その対応は容易でないことが多い。まず，そのような子どものもつ問題を的確に把握して，その子どもにとっての効果的なコミュニケーションのチャンネルを活用することが重要である。同じ障害名で診断されている子どもであっても，一人ひとりがもつ問題は同じではない。

自ら学ぶ子ども　学習者が主体的に考えて行動することによって，多くのことが効率的に学習される。学習内容のなかには，静かに授業を聞くだけでは，なかなか身につかない技能が存在する。教師のことばをとおして学ぶのではなく，子どもが試行錯誤しながら発見して気づく事柄，自ら学習の意義を見出して意欲的に学習する態度。教師はその過程を見守って，支援する役割を果たせればよい。

学習への意欲・動機づけ　どれほど，教授法が優れていても，そもそも，学習者のやる気がなければ，その教授法は何の意味ももたない。こういった意味において，学習者の意欲または動機づけは，教育場面において，もっとも考えられなければならないことのひとつであろう。このセクションでは，学習者の意欲や動機づけといった情緒面にかかわる理論や，具体的な教育方法を紹介する。

基礎学力の形成　日本（解決能力などの応用力が身に多いが，応用的な学力が発揮ていなければならない。古き・計算」能力も重要な基礎に反復学習を行うことによっの児童・生徒に十分な基礎学導や評価が効果的であるのか

評価の理論と技法　従めに行う総括的評価の形式でら，そのような評価では，学くいことから，学習活動中に向に移ってきている。すなわ生徒の学習の改善と教師のような教育実践へと移ってき革の理論と新しい評価技法に

生きる力を育む　中央教が今後の教育の方向性であるカ」とは社会を生きる力であ「生きる力」と学校で育てるの育成に寄与する心理学の知

総合的な学習　総合的ないかという指摘が一部で論学習は本来，従来の日本の子目的のために導入されたもの的な学習との関係から始まっの実践例などを紹介する。